L'AVEU

Il arrive une drôle de chose au brigadier Mangin. Il en a vu, pourtant, des drôles de choses, en trente ans de carrière. Et voilà que, à deux semaines de la retraite, cette femme-là vient lui raconter cette chose-là.

Le brigadier Mangin, tout rond, tout brave, s'essuie le front machinalement. Il ne fait pas chaud, mais il a l'impression de transpirer.

« Pourquoi me dire ça maintenant, Aline ? Hein ? Pourquoi tu t'es pas dénoncée avant ? Et puis, est-ce que je sais si c'est vrai moi ? Une horreur pareille. Comment est-ce que t'as pu faire ? Comment ça s'est pas vu ? Y'avait personne avec toi ?

— Y'avait mon homme, mais il a rien vu...

— Ça c'est pas possible ! Tu vas pas me dire que Léon était bête à ce point-là ? Pas bien futé, d'accord, mais tout de même, c'est des choses qu'un mari est bien obligé de voir !

— Pas Léon. Léon, il dormait comme une souche, le pauvre. Et puis, il était pas bien porté sur la chose.

— En vingt ans de mariage, il t'a quand même pas laissée dormir toute seule !

— Ben si. Il a fait ce qu'il a pu, ça on peut pas

dire. Maintenant qu'il a passé, qu'il est plus là pour avoir honte, je peux bien en parler.

— Qu'est-ce que tu racontes ! Léon ?

— L'a essayé deux fois. Juste après not' mariage. A cette époque j'étais pas ben maligne. J'ai attendu quelques jours. Et puis, au bout d'une semaine, y m'a dit comme ça : "L'Aline, faut que j'fasse mon devoir conjugal, le curé l'a dit."

— Et alors ?

— Ben il a fait son devoir. Mais comme je dis maintenant, ç'aurait été un devoir d'école que le maître y aurait pas donné son certificat. Alors il a recommencé, le jour d'après.

— Et alors ?

— Ben alors, alors rien ! Il était ben embêté. Et puis, en ce temps-là, on allait pas voir les toubibs pour un oui ou un non. Alors j'ai dit comme ça à Léon : "Te tourmente pas. C'est pas des choses qui me tracassent ! Ça a pas ben d'utilité si on veut pas de gamins." Et moi ça me tourmentait pas, les gamins. Chez nous, à la maison, on était douze. Y avait jamais assez pour tout le monde, à part les taloches. La mère est morte avant l'âge à cause de ça. Dans mon idée, les gamins ça donnait que de la misère. Je savais ben que ça me manquerait pas.

— Et qu'est-ce qu'il a dit, Léon ?

— Ben il a dit : "Tope là ! On fera comme tu dis, on s'en tourmentera pas." Alors il a jamais rien vu, rien. Y dormait dans le lit d'à côté. Il aurait même pas pu dire la couleur de ma chemise. »

Le brigadier Mangin a l'impression d'entendre une histoire du Moyen Age. Mais les faits qui lui sont rapportés datent de vingt ans à peine, c'est-à-dire des années 50.

Il regarde l'Aline comme s'il ne l'avait jamais vue. Cette femme solide, à l'air sain, au teint bruni, avec ses mains de travailleuse de force, c'est un monstre. Elle le dit, presque tranquillement, assise là sur cette chaise de bois, dans la propre maison du brigadier Mangin.

« Si c'est des aveux officiels que tu veux faire, faudra qu'on aille au bureau et que tu signes une déclaration devant témoin, et puis on va vérifier. Je te préviens !

— On dirait que vous me prenez pour une menteuse ?

— J'arrive pas à y croire. Et surtout que tu le dises maintenant. Pourquoi ?

— Parce que maintenant ça me réveille la nuit. J'en dors plus, je les vois partout, comme des fantômes. C'est le remords. Et comme j'ai pas de religion, y'a qu'ici, y'a que vous pour me confesser. »

Cette confession s'est passée dans un petit village belge, où vivait sans que personne l'ait jamais deviné, la pire des criminelles ayant commis le pire des crimes.

Ils sont dans le jardin d'Aline. Trois gendarmes, un fossoyeur réquisitionné par le maire, le maire et le médecin.

Vêtue d'une blouse grise à carreaux, les mains dans les poches, Aline réfléchit en examinant le potager.

« Faut creuser là, le long du petit mur. J'ai compté dix pas à partir de l'allée. »

Un gendarme compte dix pas, mais Aline n'est pas d'accord, il a fait de grandes enjambées. Elle recommence et indique l'endroit du bout de sa chaussure.

« C'est là. »

Le gendarme enfonce un piquet de bois dans la terre. Aline parcourt l'allée et se dirige vers l'angle du jardin, près d'un puits désaffecté.

« Le deuxième, c'est pas compliqué, j'ai pas eu le temps, c'était l'aube, alors je l'ai mis là, avec des pierres par-dessus. »

Le gendarme se penche sur le puits et dit :

« Y'a bien vingt mètres, faudra un treuil. »

Ils ne sont pas à l'aise, tous ces hommes. Aline semble au contraire soulagée. Assise maintenant sur un banc de pierre, elle lève son visage aux traits plats, pommettes saillantes et regard clair.

« Pour le troisième, je sais pas si vous trouverez grand-chose... J'ai mis de la chaux vive. »

Elle se tait un moment, puis ajoute durement :

« C'est parce que j'y avais mis le chien deux jours avant, ça s'est trouvé comme ça. »

Le maire regarde ailleurs, les gendarmes prennent des notes, ils font un relevé des tombes qu'Aline vient de leur indiquer. Seul le fossoyeur, endurci tout de même à ce genre de chose, pose la question :

« Bon, alors j'y vais ? Par où je commence ? »

Le médecin l'arrête.

« Attendez. Il y a tout de même des précautions à prendre. Vous allez creuser, et après ? Où mettrez-vous les corps ? Il faudrait déterminer les dates d'inhumation ! Je ne comprends pas que la brigade n'ait pas demandé un expert. »

Le brigadier Mangin hausse les épaules :

« La dernière tombe a plus de vingt ans ! Vous voulez déterminer quoi ? J'ai la déposition ici, elle a déclaré : 1948 pour le premier, à la lune de mars. Le second en 51, pour la mi-novembre. Et le troisième en 52, deux jours après Noël.

— Reste le mode d'exécution !

— Elle l'a dit. C'est le même pour les trois. Étouffés. Il vous suffira de préciser dans votre rapport les sexes et les âges si c'est possible. Pour confirmation. Enfin pour la règle. Je vous demanderai aussi un examen médical de la prévenue. La lettre du procureur dit qu'il faut savoir si elle a véritablement accouché. Il dit : "Ne pas écarter la possibilité qu'il s'agisse d'enfants étrangers à cette femme."

Aline B., quarante-deux ans, vient donc d'avouer l'assassinat délibéré de trois nouveau-nés qu'elle aurait portés, mis au monde et inhumés en cachette, entre 1948 et 1952.

Personne ne s'est jamais douté de la chose. Cette femme, plutôt avenante, menant une vie tranquille, et travailleuse, n'a rien d'une criminelle en apparence. Absolument rien. Et dans ce jardin, à deux pas de l'évidence, le brigadier Mangin n'arrive pas encore à y croire. Il se dit par moments : « C'est peut-être qu'elle est devenue folle l'Aline, à vivre des années avec un incapable. Elle s'est imaginé des enfants, et elle s'est imaginé qu'elle les tuait. On en a vu des folies comme ça, ça s'est déjà vu. »

Le brave brigadier Mangin aimerait bien que l'Aline soit folle. Ce serait moins horrible, plus simple, ça rassurerait tout le monde. Oh ! oui, on n'a pas l'habitude de l'horreur, dans ce village, pas l'habitude des monstres. La seule habitude, ici, c'est la normalité, la discrétion sur la vie des autres, la tranquillité en somme, sans voyou ni criminel, juste quelques braconniers.

Alors, le brigadier Mangin est bien malheureux d'être là, à deux semaines d'une retraite aussi tranquille que le reste. Et il s'essuie le front, machinalement, en tournant un peu le dos au fossoyeur.

Aline B. est de retour dans le bureau de la gendarmerie locale. L'un des homme dit :

« On lui met les menottes, brigadier ? »

Les menottes ? Pour quoi faire ? Cette femme ne sera même pas poursuivie. Ces crimes ont dépassé la limite d'âge. Forclos. Terminé. Elle aurait même pu en parler avant.

Le brave brigadier Mangin en est tout retourné. Plus impressionné par les pauvres choses trouvées dans la terre du jardin que par tous les cadavres de la guerre. Il le dit :

« C'est inhumain ce que t'as fait, Aline ! Inhumain. C'était tes enfants, ton sang, t'as donc rien dans le cœur ?

— C'était pas mes enfants, c'était pas ceux de Léon, en tout cas. Comment j'aurais pu lui faire croire que c'était les siens ?

— T'avais un amant ?

— Un amant ? J'ai jamais eu d'amant, moi ! Les amants c'est des histoires de livres.

— Tu les as quand même pas faits toute seule, hein ?

— C'était des passants. Je sais rien de plus sur eux. La première fois, c'est parce que je voulais savoir comment c'était. Léon m'avait rien montré du tout. Il est passé un marchand de graines, et puis voilà. Quand j'ai vu que j'étais grosse, ça m'a fait peur. Vous pouvez pas savoir, vous ! J'ai dû me ficeler le ventre, me serrer comme une malheureuse. Et quand j'ai senti que ça venait, y a fallu que j'aille me cacher comme une bête. Vous pouvez pas savoir. Moi aussi j'en avais lu et entendu des histoires de femmes qui accouchent dans de jolis draps, et on leur apporte des fleurs, et le reste. Moi j'ai fait comme si j'étais malade, rien de plus. »

« La deuxième fois, j'ai essayé de dire à Léon :

“Et si on avait un enfant, comme tout le monde, ça te dirait pas?” J’étais prise. Je le savais. Mais il a même pas voulu faire semblant.

« Pour le troisième, c’est pas de ma faute, c’est un “camp volant”, un forain, ceux qui installaient leur manège pour la fête des moissons. Y m’a prise de force. J’ai tellement avalé de tisanes et de saletés, toutes les recettes je les ai utilisées, alors il est parti avant, et j’ai bien cru que j’en mourrais moi aussi.

— Et ton mari? Il t’a jamais posé de questions? Même quand il te voyait malade?

— Oh! Léon! Y avait qu’à lui dire de pas s’en tourmenter. Qu’est-ce que vous allez faire de moi, maintenant? Je vais pas en prison?

— Non.

— Pourquoi? C’est pas un crime, que j’ai fait?

— Si, c’est un crime, mais tu en rendras compte au Bon Dieu, pas à nous. Le procureur demande un rapport, on va lui faire son rapport. Tu vas signer ta déposition et tu rentres chez toi.

— C’est tout? Ça sera marqué nulle part?

— Ça sera marqué dans un dossier.

— Qu’est-ce que je vais faire, maintenant?

— Tu vas payer les frais, et puis il faut donner une sépulture à tes enfants.

— Une vraie tombe au cimetière? Je veux pas.

— Si tu ne le fais pas, ils iront à la fausse commune.

— C’est mieux comme ça. De toute façon, je pourrai pas mettre de nom sur la pierre. Alors!

— T’as un nom, tout de même!

— C’est celui de Léon! Ça serait pas honnête pour lui. Si j’ai fait ça, c’était pour pas qu’il ait de la honte, je veux pas lui en faire après sa mort.

— Et ta honte à toi? Tu m'as parlé de remords.

— Vous en voulez pas de mes remords, vous voulez même pas me mettre en prison. Si j'avais su que ça servait à rien vot' justice! A quoi ça rime de me renvoyer au Bon Dieu? J'y crois pas à vot' Bon Dieu; s'il existait, il m'aurait pas laissée faire ça! Et puis d'abord, il aurait donné à Léon l'idée de faire des enfants.»

Aline est debout, les mains toujours serrées dans les poches de sa blouse grise. Elle semble déroutée. Le fait de demeurer officiellement impunie la tracasse. Curieuse femme, monstrueuse femme...

«Alors, comme ça je peux rentrer chez moi?

— Tu peux.»

Elle se décide. Elle tend une main au brigadier Mangin, une main calleuse, habituée au travail, large et courte. Mais le brigadier ne peut pas serrer cette main.

«Rentre chez toi. T'iras peut-être pas devant un tribunal, mais pour moi c'est pareil. T'as le crime dans la tête. Tu l'as sur les mains. Et c'est le pire de tous les crimes, ce que tu as fait là! T'es pire qu'une bête. Rappelle-toi de ça. Et tous les jugements du monde n'y changeraient rien. Tu pourrais même te confesser sur la place du village, t'aurais le pardon de personne.»

Aline s'en va, passe la porte puis revient et, d'une drôle de voix, fait une dernière révélation au brigadier Mangin. Peut-être l'explication profonde de ses crimes.

«Chez nous, on était douze. Et la mère en a fait plus que ça. J'avais pas huit ans quand elle a dit au père que le dernier il était pas arrivé à terme. Moi je savais ce qu'elle en avait fait. Je le savais. Je l'avais vue, et j'ai rien dit. Parce que la mère, des fois, quand elle était en colère après nous et qu'elle criait, ça lui arrivait souvent de dire: "J'aurais dû vous étouffer dans l'œuf! J'aurais eu moins de misère." »

Le brigadier Mangin a la gorge serrée d'impuissance. Il n'imaginait pas. Il ne connaissait pas cette femme, son passé, cette absence de morale. Il la croisait tous les jours ou presque. C'était une femme en apparence comme les autres.

« Je m'en vais. »

Un an plus tard, le brigadier Mangin a appris dans sa retraite tranquille que l'Aline s'était noyée dans la rivière.

TROIS POIGNÉES DE SUIE

Trois calèches en caravane, dans l'obscurité, sur une route de Hollande : trois chevaux noirs, trois calèches noires, dans la nuit noire. Ce n'est pas du cinéma : tout au long de la route, derrière les volets clos, les gens regardent la télévision et, de temps en temps, une automobile pressée, après un appel de phares, double les étranges équipages.

Petit à petit la distance se fait plus grande entre chaque calèche. Vues de l'une à l'autre, les lanternes ne sont plus que des points lumineux au bout de la route. C'est alors que dans la première un cri retentit :

« J'étouffe ! J'étouffe ! »

Le cocher, affolé, veut retenir ses chevaux. Le baron Van Brauer retourne son énorme carcasse et lui fait un signe :

« Continuez. Continuez. »

Le jeune baron Matthias Van Zyiwec, freluquet blond aux cheveux bouclés, et le glacial baron Otto Van Rasenbourg se dressent pour tenter d'immobiliser sur la banquette arrière un malheureux jeune homme secoué par une quinte de toux :

« Allons. Allons, du calme ! »

Le jeune homme ouvre une bouche immense,

comme s'il essayait d'avaler tout l'air qui l'entoure :

« Mais je vous dis que j'étouffe !

— Allons, allons, baron... courage, vous l'avez voulu, vous n'avez plus le droit de reculer. »

Sur le visage du jeune homme, des larmes creusent d'étranges sillons dans une suie noirâtre. Il se débat, essayant d'écarter de lui un affreux chiffon noir.

« Mais aidez-nous, Brauer ! Aidez-nous, voyons ! »

Le baron Van Brauer se jette alors sur le jeune homme, parvient à l'immobiliser en le ceinturant :

« Allez-y, mettez la cagoule ! »

Les deux autres barons, sans tenir compte des hurlements du jeune homme, parviennent alors à lui enfoncer jusqu'aux épaules le bizarre chiffon noir qui se révèle être une cagoule pleine de suie.

En juin 1966, dans une ferme vaste et bien propre de la campagne hollandaise, il y a fête. Sous des lampions allumés près de la fosse à purin danse le gratin de la région. Ici, le fils de l'ambassadeur des Pays-Bas au Mexique ; là, le jeune frère d'un des gros actionnaires d'une multinationale. Un « comte Van Machin » danse avec la fille du « baron Van Truc », tandis que le « duc Van Chose » engouffre, devant le buffet, sandwich sur sandwich et whisky sur whisky. En tout, une cinquantaine de personnes près de la fosse à purin. L'existence de cette fosse à proximité d'une si brillante assemblée n'est pas un hasard : c'est pour cette fosse que tout ce petit monde est réuni. Tous attendent le moment où elle doit jouer son rôle dans l'histoire.

A un kilomètre de là, sur la route, dans une

calèche noire tirée par un cheval noir, trois jeunes barons, tout juste éclairés par une lanterne, en maintiennent péniblement un quatrième qui se débat désespérément sous une cagoule pleine de suie.

« Au secours, j'étouffe. J'étouffe !

— Allons, baron, courage, on est presque arrivés. »

Loin derrière eux, une petite lueur sur la route : une autre calèche, suivie de même d'une troisième. Dans chacune se déroule une scène semblable.

Sous les lampions près de la fosse à purin, les danses s'arrêtent et le silence se fait lorsque apparaît le « président comte Van Quelque Chose » tenant dans une main trois colliers de chien et dans l'autre trois laisses :

« Ils vont arriver, dit-il. Veuillez, s'il vous plaît, vous écarter de la fosse. »

Avec discipline, les jeunes femmes en robe de cocktail et les messieurs en costume sombre font un pas en arrière.

Sur la route, à quelques centaines de mètres, le cocher de la deuxième calèche qui avait fouetté son cheval prévient ses passagers :

« Qu'est-ce qui se passe ? Devant ils viennent de s'arrêter. »

Le cheval trotte encore quelques instants et s'arrête derrière la calèche qui les précédait : à travers le mica de la lunette arrière, les passagers voient s'agiter dans la lueur d'une lampe à acétylène quatre fantômes.

Lorsque la troisième calèche rejoint les deux premières, huit hommes et deux cochers sont penchés sur le talus où repose, inanimé, un jeune homme au visage barbouillé de suie.

Quelque part dans l'un des bâtiments de la

ferme, le téléphone sonne désespérément. Le métayer quitte à regret le tonneau où il remplissait son verre, pose celui-ci et part en trébuchant dans l'obscurité. Lorsqu'il revient, c'est pour murmurer à l'oreille du « président comte Van Quelque Chose » :

« Le baron Sigfried s'est évanoui. Ils demandent un médecin. »

Le « président comte Van Quelque Chose » fronce les sourcils et jette autour de lui un regard circulaire :

« Un médecin... un médecin... voyons... voyons... Où est le baron Van Blocklaud ? Baron Blocklaud ! Van Blocklaud ! »

Un grand homme maigre de trente-cinq ans, aux cheveux déjà rares, quitte la piste de danse.

« Que se passe-t-il, président ?

— Sautez dans votre voiture : l'un des bizuts s'est évanoui !... Vous les trouverez sur la route. »

Heureusement, le commissaire Steichen porte une énorme barbe : elle étouffe les jurons qui tombent de ses lèvres à chaque borne kilométrique. Réveillé à cette heure tardive, furieux, il a dû sauter du lit et décrocher le téléphone :

« Vite patron, lui disait le policier de service au commissariat. On vous demande. Il y a un accident sur la route d'Utrecht.

— Non mais vous êtes malade, mon vieux ! C'est pour cela que vous me réveillez ? Envoyez la patrouille.

— Elle est déjà sur place, commissaire, et c'est elle qui vous demande. »

Il s'attendait donc, ce policier barbu aux yeux bleus, à débouler sur un véritable champ de bataille de ferraille tordue et de voitures enchevêtrées dont il allait falloir extraire à la cisaille et au chalumeau une ribambelle de cadavres et de blessés. Au lieu de cela que découvre-t-il dans la lueur des ses phares ? Trois calèches arrêtées dans un coude de la route. Le gyrophare de la voiture de police jette des éclairs sur les chevaux noirs qui dorment debout, sur un groupe d'hommes serrés autour d'un corps inanimé dans l'herbe du talus. Parmi eux, deux jeunes hommes hirsutes, sales, barbouillés en noir comme le visage du malheureux allongé. Un grand type aux cheveux rares s'approche :

« Vous êtes le commissaire Steichen ?

— Oui.

— Je suis le docteur Blocklaud. Il est mort. »

Déjà le commissaire, penché sur le corps du jeune homme, essaie de découvrir à la lueur des lampes à acétylène de la première calèche ce qui a bien pu lui arriver.

« Mais il est mort de quoi, bon sang ? »

Le docteur a l'air affreusement gêné. Les autres autour de lui paraissent consternés : pas un mot, pas un murmure.

« Mais enfin, de quoi est-il mort ? Et qu'est-ce que c'est que ce noir qu'il a sur la figure ?

— Je pense qu'il a dû s'étouffer, répond enfin le docteur Blocklaud. Ces messieurs lui ont fait du bouche à bouche en m'attendant, sans succès. Lorsque je suis arrivé, il n'y avait plus rien à faire. »

Dans l'herbe à côté du cadavre : un chiffon noir que le commissaire soulève et soupèse, découvrant qu'il est plein de suie :

« Il s'est étouffé avec cela ?

— Oui. »

Le commissaire regarde les hommes autour de lui.

« Vous étiez là ?

— Non... non, répondent quelques-uns.

— Alors, qui était là ? »

Lentement, trois silhouettes se détachent du groupe : la grande carcasse du baron Van Brauer, vingt-sept ans, un freluquet blond, le baron Matthias Van Zyiwec, vingt-trois ans, et le glacial Otto Van Rasenbourg, vingt-quatre ans... Après quelques instants d'hésitation, le cocher de la calèche vient les rejoindre.

Le commissaire n'en croit pas ses yeux :

« Alors, vous étiez là tous les quatre ! »

La scène est hallucinante : devant, derrière, le long de la route, les voitures qui passaient s'arrêtent. Des gens en descendent surpris de voir ces trois calèches arrêtées, s'approchent et forment déjà une petite foule.

« C'est vous qui lui avez mis cette cagoule sur la tête ?

— Moi, non ! s'exclame le cocher. C'est eux.

— Mais alors, murmure le commissaire, c'est un assassinat ? »

Sous le portrait de la reine Juliana de Hollande, le président du tribunal d'Utrecht sait qu'il va devoir juger l'une des affaires les plus étranges de sa carrière. La perruque blanche quasiment hautaine, mais le regard curieux derrière ses binocles d'acier, il regarde entrer les sept accusés, tous étudiants entre vingt-deux et trente et un ans. A croire qu'ils se sont donné le mot : complet granit ou anthracite, cravate sobre, la raie bien nette dans les cheveux, les mains croisées derrière le dos, les visages blasés, le ton de voix uniforme. Ils donnent leurs noms calmement, réprimant leur fierté : baron Machin, comte Trucmuche, baron Chose, baron Truc. Il n'y a parmi eux que deux bourgeois ; encore se prélassent-ils dans la gloire de leur père dont l'un est un très grand chirurgien et l'autre un avocat célèbre.

Après des efforts pénibles pour desserrer leurs lèvres pincées, le président s'énerve :

« Bien, puisque vous ne voulez pas parler et que le silence est l'atout majeur de votre organisation, je vais moi-même éclairer le jury. Votre association qui, bien qu'ancestrale, n'a aucun statut juridique, s'appelle : T.R.E.S. C'est l'abréviation d'une formule latine : « tres faciunt collegium », ce qui veut dire « trois font une société ». C'est donc chaque année trois membres seulement que vous acceptez dans votre club.

« A première vue, le club paraît tout à fait inoffensif puisque l'objectif de T.R.E.S. est de « cultiver l'amitié et entretenir les relations humaines ». Hélas ! comme bien souvent, le sadisme et la générosité vont de pair. Pour entrer dans le club, les trois candidats doivent d'abord réfléchir, enfermés pendant trois jours dans le noir absolu. Pour cela, vous avez loué dans les environs de la ville un local sinistre et totalement isolé. A l'issue de cette réflexion, trois calèches noires doivent conduire ceux que vous appelez les bizuts auprès des anciens du club qui boivent et mangent dans une ferme. Là les attend une épreuve d'initiation qui consiste à les maintenir immergés et tenus en laisse dans une fosse à purin.

« Hélas ! c'est durant ce transfert que le drame eut lieu. Dans chacune des calèches, le bizut doit en effet revêtir une cagoule pleine de suie que trois anciens maintiennent de force sur sa tête.

« Si je laisse à MM. les jurés le soin d'apprécier comme ils l'entendent les avantages et les inconvénients de plonger un jeune homme dans une fosse à purin, je me dois par contre d'insister sur le caractère brutal que représente l'épreuve de la cagoule pleine de suie. Enfin, accusés... reconnaissez au moins que cette tradition est dangereuse puisqu'elle a tué !

— Cette épreuve doit démontrer le courage du bizut, explique alors du haut de sa grande carcasse le jeune baron Van Brauer. Pour montrer son courage, il faut bien affronter un quelconque danger.

— C'est un test, réplique à son tour sous ses cheveux blonds bouclés le baron Matthias Van Zyiwec.

— L'épreuve servait à former le caractère, insiste le glacial baron Otto Van Rasenbourg.

— C'est possible, mais n'avez-vous jamais réfléchi que ce capuchon à la suie pouvait être mortel ?

— Mais nous l'avons tous porté ! » s'exclame Van Brauer.

Des personnages ayant participé à cette étonnante initiation, l'un d'eux évidemment ne peut témoigner puisqu'il est mort. C'était un étudiant en droit de dix-neuf ans. Sa famille, effondrée, se tient silencieusement dans la salle, ne sachant si elle doit accuser ou défendre, car le père, ayant autrefois fait partie du T.R.E.S., en avait accepté les règles.

Par contre, le cocher affirme :

« Oui, il s'est débattu. Oui, il criait : « Au secours j'étouffe. » Il a même arraché sa cagoule que ces messieurs lui ont remise de force. »

Qu'en pensent les deux autres bizuts ? Le baron Van Hermstra, vingt ans, fils d'ambassadeur, conserve certainement de l'aventure un souvenir sinistre. Mais ce garçon costaud à la nuque de taureau avait plus de résistance. Désespérément, il a lutté pour sa vie et s'est débarrassé trois fois, en le secouant, du capuchon de suie. Il a reçu des coups de pied et des brûlures de cigarette pour ces trois tentatives.

« Les brûlures de cigarette font partie de l'initiation, c'était la coutume, s'exclame l'un des accusés. Nous ne pensions pas à mal. »

Dans ses premières déclarations, le baron Van Hermstra, rescapé de la cagoule, reconnut avoir avalé tant de suie que durant huit jours sa gorge ne supportait plus que du liquide. Mais aujourd'hui, comme par hasard, il ne se souvient de rien :

« Je me suis défendu ? C'est possible, c'était instinctif, car j'étais volontaire. Donc tout cela n'est qu'un malentendu. »

Le troisième bizut de la cuvée T.R.E.S. est un petit malin :

« Moi, je me suis débrouillé, dit-il en tortillant une mince silhouette. De temps en temps, dans les moments d'inattention, je laissais glisser la suie hors du capuchon... Je ne trouvais pas cela tellement terrible. »

Vient enfin le réquisitoire du procureur :

« Il y a de par le monde, dit-il, cent mille associations, clubs, religions, partis politiques, mouvements politiques, sociétés secrètes et autres qui pratiquent un rituel destiné à initier ou à tester les qualités physiques ou morales de leurs futurs membres. Il en a toujours été et il en sera probablement toujours ainsi. Le principe des épreuves imposées aux futurs membres de T.R.E.S. devait permettre de s'assurer de leur courage : est-ce qu'une semblable épreuve paraît bien nécessaire dans un club destiné à « cultiver l'amitié et à entretenir les relations humaines » ? C'est une question que l'on peut se poser. D'ailleurs, il semble bien qu'à l'origine, lors de la création du T.R.E.S., les épreuves aient été tout à fait différentes. C'est le sadisme inhérent à la nature humaine, et peut-être à une certaine jeunesse, qui les a, petit à petit, rendues dangereuses. Pour que de dangereuses elles deviennent mortelles, il suffisait que le sadisme rencontre la bêtise ! Ce fut chose faite lorsque le T.R.E.S. a chargé les accusés de réaliser l'épreuve de la cagoule : trois poignées de suie au lieu d'une, cela parut plus drôle à ces grands crétins, et le jeune homme en est mort. »

Le procureur conclut : « Association ? moi je veux bien... Épreuve ? initiation ? pourquoi pas... Mais de grâce, il en est de cela comme pour le reste : les vrais coupables sont ceux qui donnent une responsabilité aux imbéciles. »

Torture avec suites mortelles : cela, d'après la loi, peut conduire à six ans de prison, mais le juge estime que dans ce genre d'affaire mieux vaut une contrainte financière :

« Les accusés, dit-il, doivent ressentir dans leur portefeuille la mort du jeune baron. Ils sont condamnés à verser 13 000 florins en punition de cet accident mortel. »

Et un journal titrera : « 13 000 florins pour trois poignées de suie. »

UNE HISTOIRE TRÈS SIMPLE

C'EST une Madame Irma, voyante extralucide, enveloppée de chiffons multicolores. Elle exerce au sixième étage sans ascenseur d'un immeuble vétuste à Hambourg. Les initiés se repassent son adresse sous le manteau. Madame Irma est prudente. Pas d'annonces dans la presse, pas de cartes de visite et aucun nom sur la porte d'entrée.

La boîte aux lettres qui correspond à son appartement porte le non banal d'Augusta Rhöm. Le fisc ne la connaît pas. Elle exerce depuis vingt ans, à raison de quelque deux cents francs la consultation et d'environ trois ou quatre consultations par jour. Une belle retraite. L'investissement est faible. Matériel : une table dans le salon, un tapis noir, un jeu de cartes. Personnel : la concierge, qui perçoit une prime mensuelle pour guider les visiteurs et égarer les enquêteurs éventuels ; un chat noir et un hibou empaillé.

A chaque coup de sonnette, Madame Irma enfile une sorte de djellaba noire par-dessus ses vêtements et ouvre la porte en souriant.

Ce jour de décembre 1985, elle ouvre donc sa porte en souriant à Renée H., une jeune femme de trente-quatre ans.

« Vous faites de la moto ? »

Clairvoyance facile. Le casque, les bottes, le blouson font de la visiteuse un petit extraterrestre de cuir noir. C'est une jolie brune, teint bronzé, dents blanches, silhouette mince.

« Asseyez-vous... »

Renée s'assoit devant la table noire, fouille dans son sac et présente à Madame Irma deux photographies d'hommes. Des portraits de vacances.

« C'était à Majorque, cet été. C'est moi qui les ai faites. »

Madame Irma hoche la tête avec componction. Elle parierait sa boule de cristal sur l'hypothèse suivante : le blond, à gauche, genre play-boy musclé... sourire éclatant, c'est l'amant ; le brun, à droite, visage sérieux, regard tendu et un peu gêné devant l'objectif, c'est le mari.

« Vous désirez savoir quoi, exactement ?

— Je voudrais connaître l'avenir de ces deux hommes. L'avenir immédiat, je veux dire. Ce qu'ils vont devenir dans les prochains mois. »

Madame Irma va se concentrer et dire... Mais il y a une chose qu'elle ne pourra pas dire, car elle est souvent psychologue mais pas extralucide. Elle ne pourra pas pointer son doigt sur l'une des deux photos et annoncer : « Celui-là deviendra un assassin... » Ce serait trop simple.

Madame Irma réfléchit, se concentre sur le visage brun.

« Comment s'appelle-t-il ?

— Michel.

— Bien, ne m'en dites pas plus.

— ... Michel... Cet homme sera bientôt seul.

— Vous êtes sûre ?

— Certaine. Je vais faire un jeu sur lui. Vous allez voir la confirmation immédiatement. »

Madame Irma prend les cartes, bat les cartes,

coupe les cartes, étale les cartes, recouvre et découvre les cartes.

« Ah ! vous voyez ! Le valet de cœur associé au pique, c'est la solitude. »

Madame Irma se repose un instant... Le chat noir, censé représenter une présence diabolique ou magique, ronronne avec dédain sur le coin de la table.

Elle passe maintenant à la deuxième photo.

« Son prénom ?

— Peter... »

Ici, petite parenthèse technique. Une voyante expérimentée devine à l'intonation de la cliente les liens qui l'unissent au portrait. Renée a prononcé « PETER » avec une légère inflexion de voix, une pincée d'admiration... La séance peut se poursuivre sans problème. Madame Irma est sûre de son diagnostic. Le premier, c'était le mari... Peter, le second, c'est l'amant.

« Peter... Peter... Cet homme n'est peut-être pas seul, en ce moment ? Je me trompe ?

— Non...

— Je pourrais presque dire... qu'il est marié... Je sens une présence à ses côtés... Mais ce n'est pas vous... »

Renée est fascinée. Cette Irma est formidable. Sa copine de bureau avait raison...

« Cet homme va connaître une rupture.

— Une rupture ?

— Il sera délivré de certains liens.

— Vous voulez dire qu'il va divorcer ?

— Nous allons vérifier avec les cartes. Soyez patiente. »

Vérification faite : Peter divorce de sa femme. Michel se retrouvera seul. Et c'est ce que la visiteuse voulait entendre. Il est simple, ce métier. Beaucoup d'observation, un peu de psychologie, des questions qui n'ont l'air de rien et le travail est fait.

« Ça fera deux cents francs. »

Renée H. galope dans les étages le cœur battant et enfourche sa moto avec délices. Le bonheur est une chose extraordinaire, elle a envie de crier, de zigzaguer dans la rue. Car tout est clair et certain, à présent. Elle va divorcer d'avec Michel, son époux depuis cinq ans, donc il restera seul. De son côté, l'amant, Peter, divorcera à son tour et ils pourront se marier.

Évidemment, ce jour de décembre 1985, Renée est seule au courant des perspectives d'avenir. Michel l'attend à la maison comme d'habitude, pour le dîner. Et Peter... ah ! Peter, il a eu beau dire, l'autre jour... il y viendra au divorce ! Il a peur d'annoncer la chose à sa femme, il tergiverse, mais il y viendra puisque la voyante l'a affirmé. Puisque c'est écrit dans les cartes !

En arrivant au bas de l'immeuble, où elle occupe un appartement avec Michel, Renée gare sa moto et prend sa décision.

Elle va tout dire le soir même à Michel. Ainsi la situation sera plus nette. Et Peter sera bien obligé de suivre.

Dans l'ascenseur, Renée H., trente-quatre ans, a le cœur qui bat d'impatience. Une nouvelle vie commence. Et elle sera fantastique !

C'est une histoire simple, banale, classique. Et, en quelque sorte, la suite est logique.

Michel, l'époux de Renée, est un garçon calme et tranquille ; quarante-trois ans, fonctionnaire, il aime les variétés à la télévision, la musique et le football. Il aime ses pantoufles, sa femme et dîner à l'heure.

« Tu rentres bien tard... un ennui au bureau ?

— Non, non...
— Je t'aide à mettre la table?
— Ça ira, ne te dérange pas.»

Vite, un repas express, à base de surgelés, deux petits plateaux, charcuterie, fromage, une bonne bouteille de vin, et enfin...

«J'ai à te parler, Michel. C'est important.»

Au contraire de la plupart des femmes qui trompent leur mari, Renée H. n'éprouve pas tellement de remords. La raison en est simple:

«Voilà, je suis tombée amoureuse de Peter pendant les vacances à Majorque!
— Qu'est-ce que tu racontes?
— Tu ne t'es aperçu de rien, c'est normal. Au début, Peter et moi, on hésitait. Le soleil, la mer, et tout ça... on craignait une attirance sans lendemain. Mais c'est plus grave. Il m'aime et je l'aime. Nous nous sommes revus depuis notre retour. Maintenant, nous sommes sûrs de nous. Il va quitter sa femme et je te demande de me rendre ma liberté.»

Renée saute les obstacles et va droit au but, exactement comme dans un rallye moto. Elle est d'une franchise absolument déroutante, autant que brutale.

«J'ai consulté une voyante. Elle m'a tout révélé dans les cartes. C'est le destin, Michel. Nous n'y pouvons rien.»

Estomaqué, incapable d'avaler une bouchée, perdant ses pantoufles et son sang-froid habituel sous le coup de l'information, Michel bégaie son incompréhension, cherche à remettre les choses en place.

«Et Marion? Qu'est-ce qu'elle devient, Marion? Elle a voix au chapitre, j'imagine. Peter et elle sont mariés depuis dix ans!
— Il va la mettre au courant!

— Il te l'a dit ?

— Oui. Il hésite encore, il a peur de lui faire de la peine... mais c'est inévitable. C'est pourquoi j'ai voulu t'en parler la première ; ça l'aidera à rompre.

— Il n'a peut-être pas envie de rompre ! Tu es folle enfin ! Je les ai vus ensemble, il y a à peine vingt-quatre heures... Ils avaient l'air amoureux, tu peux me croire ! C'est même une réussite, ce mariage : tu es devenue folle ! Tu t'es imaginé des histoires... Peter est incapable...

— Michel, regarde les choses en face. Nous sommes amants depuis les vacances. Je ne vais pas te faire un dessin ni te raconter nos conversations privées ! C'est comme ça. C'est écrit ! Et je suis sûre qu'il va divorcer pour l'amour de moi ! »

Renée H. lit peut-être beaucoup de romans d'amour, un peu trop. Elle est d'ailleurs en train d'écrire le sien, à coups de phrases toutes faites et de confidences terribles.

« Nous nous retrouvons presque tous les jours dans un studio qu'il a loué exprès. Depuis six mois, nous passons au moins deux heures ensemble.

— Quand ? Mais quand ? Tu travailles et tu rentres le soir...

— A l'heure du déjeuner, Michel... »

C'est effarant, ça. Voilà une petite femme honnête et fidèle qui s'est jetée tout à coup dans la luxure, en plein midi !

Michel se prend la tête dans les mains. Il devient fou... il file à la cuisine, fouille dans les placards et en sort une bouteille de cognac. Une belle bouteille, bien vieille, bien pleine, qu'il débouche avec rage.

D'abord un verre. Puis deux. Puis il boit au goulot, c'est plus simple.

La bienfaisante chaleur, le soulagement procuré

par l'alcool l'assoient brusquement sur une chaise. Il regarde le décor. La petite cuisine bien rangée, les placards, la poubelle, ce petit univers qui semblait inaltérable, intouchable. Il reboit. Et Renée passe avec la vaisselle, fait la vaisselle, l'essuie, la range en le grondant gentiment.

« Ne bois pas tout. Tu es malheureux sur le moment, ça passera. Tu referas ta vie, toi aussi. Range cette bouteille !

— Fous-moi la paix !

— Oh ! bon... Je vais me coucher. »

La garce, la menteuse, l'effrontée.

« Sans cœur ! »

Elle ne répond pas, elle est sous la douche. Michel l'imagine sous l'eau, contente d'elle, heureuse, savonnant et rinçant ce corps qu'elle a donné à un autre !

Il reboit ! Il a fini la bouteille. Il se sent bizarre et titubant, mais lucide. Un litre de cognac, pour un homme qui boit peu habituellement, c'est une thérapeutique de choc.

Le voilà dans la rue, nauséeux, dans le froid et le vent d'hiver. Il a mal au crâne, il n'a pas de manteau, il est en chaussons et il tient dans sa main droite un énorme couteau de cuisine.

Au poste de police, il fait une entrée remarquée. Deux hommes de garde l'encadrent immédiatement. L'un d'eux lui retire le couteau des mains, avec précaution, en le prenant par la lame, à l'aide d'un mouchoir de papier, car il est plein de sang.

L'autre le questionne prudemment.

« Qu'est-ce qui vous est arrivé, mon vieux ? Qui êtes-vous ? Vous avez vos papiers ? »

Michel n'a pas de papiers dans sa robe de chambre et il tremble de froid, d'alcool et de tant d'autres choses. Il dit son nom d'une voix pâteuse.

« Alors ? C'est quoi ce couteau ?

— Je l'ai pris dans la cuisine, dans le grand tiroir. C'est le couteau à découper les rôtis. Quand elle m'a avoué tout ça, j'ai cru recevoir un coup de massue sur la tête. Et puis, après, je n'arrivais même plus à dire un mot. Alors, je suis allé dans la cuisine, j'ai bu la bouteille de cognac, je voulais arrêter la douleur... ça faisait mal... J'étais humilié... ça m'a fait du bien, je me sentais abruti, mais après... je me suis mis en colère. Une rage... Je me suis retrouvé avec le couteau à la main, sans me rendre compte que je l'avais pris... J'ai couru dans la chambre à coucher et j'ai enfoncé le couteau dans sa poitrine. Elle dormait, elle est morte tout de suite. »

Une fois dessoulé, Michel a raconté le pourquoi de son geste. Abattu, bourrelé de remords, il se faisait horreur.

La cour l'a jugé irresponsable au moment du crime. Et il n'a été condamné qu'à quatre ans et demi de prison.

Quatre mois après le verdict, Peter, l'amant, divorçait de sa femme. Leur situation était devenue invivable.

Ainsi Madame Irma ne s'était pas beaucoup trompée. L'homme blond quittait sa femme et l'homme brun se retrouvait seul, en prison, et après avoir décidé lui-même du côté définitif de cette solitude.

Mais quoi, peut-on reprocher à Madame Irma de ne pas avoir vu dans les cartes le sang, le couteau et la mort ?

DE L'AUTRE CÔTÉ DU TUNNEL

Les pieds de la jeune fille se posent dans la neige comme s'ils n'allaient plus se relever. Puis, dans un gémissement, elle décide de faire un pas de plus vers la vieille bergerie qu'elle aperçoit au bout du plateau, allongeant ses murs de granit noir dans le tourbillon des flocons.

Hélène a perdu une chaussure, son manteau et sa robe sont déchirés. Elle tremble de froid, mais il faut qu'elle marche et qu'elle marche encore. Encore cent mètres, que Dieu lui donne la force de faire ces cent mètres dans la nuit tombante, et elle sera sauvée.

Les murs silencieux de la bergerie du vieux Sébastien ne sont plus qu'à quelques pas. La voici, les genoux dans la neige, devant la porte... Elle frappe dessus de toutes ses forces en appelant son vieil ami :

« Au secours... Sébastien, ouvrez-moi ! Au secours ! »

Hélas ! il est vingt heures et le berger qu'elle a quitté une demi-heure plus tôt se couche avec les poules, il doit déjà dormir profondément, dans sa chambre de l'autre côté de la bâtisse. Trois murs épais l'empêchent d'entendre les cris de désespoir de la jeune fille.

Alors, Hélène, horrifiée, jette un regard en arrière : « Mon Dieu ! Mon Dieu ! » Il faut qu'elle se cache. Il le faut absolument. Mais où ?

Elle se relève en titubant, presque à quatre pattes, et traverse le champ de neige en laissant derrière elle un long sillage.

Un quart d'heure plus tôt, un homme de petite taille, le visage dissimulé par un passe-montagne de laine, s'est jeté sur elle alors qu'elle regagnait le village à travers bois. Elle s'est débattue et il l'a frappée. Hurlant, griffant, mordant, elle a réussi à s'enfuir. L'homme a hésité à la suivre, craignant sans doute que le vieux Sébastien les entende. Mais peut-être a-t-il assisté de loin à sa vaine tentative de réveiller le vieux berger. Dans ce cas, rien ne lui interdit de recommencer. C'est pourquoi il faut qu'elle se cache, là par exemple, sous ce buisson. Elle s'écroule, jette encore un coup d'œil en arrière. Sur sa trace, deux jambes avancent. Terrifiée, elle voit le monstre arracher son masque, se pencher sur elle et ses mains l'étrangler.

Le 12 février 1948 au matin, le ban et l'arrière-ban de la maréchaussée se sont portés sur le plateau dès la découverte du cadavre d'Hélène. Il est désormais difficile de suivre ses pas dans la neige. Aux traces des parents de la jeune fille qui l'ont cherchée dans la nuit se sont ajoutées dès l'aube celles des villageois organisant une battue, et maintenant celles des gendarmes. Le brigadier Sholtiz, crâne rasé sous un képi, visage mince, œil clair, uniforme impeccable, a l'air avec ses gants de sortir de Saint-Cyr :

« De toute façon, conclut-il après avoir longuement observé le plateau, tout converge vers cette bergerie... Elle semble y être venue deux fois et, lorsqu'elle en est sortie la seconde fois, c'est pour venir s'effondrer sous ce buisson où l'homme qui l'a suivie a fini par l'étrangler. »

Tous les regards se portent alors vers le vieux berger Sébastien Baton, soixante-quatre ans, qui, sur le seuil de sa porte, roulé dans une couverture épaisse et raide comme un tapis, observe les gendarmes avec curiosité.

« Qui est cet homme ? demande le brigadier.

— Il se dit berger. C'est vrai qu'il a quelques brebis. Il a aussi un potager derrière la bâtisse. Mais il vit surtout de braconnage. Nous avons déjà eu quelques petits problèmes avec lui. C'est un solitaire, un original. Il n'a pas très bonne réputation.

— Vous connaissiez cette jeune fille ? demande quelques instants plus tard le brigadier au dénommé Sébastien Baton.

— Oui, bien sûr. »

Visage rougeaud sous une abondante chevelure poivre et sel, des yeux ronds et minuscules habituellement rieurs, le vieux est aujourd'hui apeuré, presque hagard. Il a vite compris. Pour tous, le suspect numéro un, c'est lui.

« Elle est venue vous voir, hier soir ? »

Le vieux, craignant sans doute un piège, secoue la tête :

« Non... Non... Non...

— Vous vous moquez de nous ! Toutes ces traces conduisent à votre porte ! Allez, oust ! suivez-nous. »

C'est en face du juge d'instruction, un fonctionnaire un peu verdâtre, binoclard et méticuleux, que le vieux berger commet sa plus grosse faute :

« Hélène venait souvent chez vous ? lui demande le juge.

— Chez moi ? Jamais, monsieur le Juge. Jamais ! »

Évidemment, dès l'après-midi, l'enquête que mènent les gendarmes prouve le contraire.

« Vous nous avez menti ! s'exclame alors le juge d'une voix tonnante. La preuve est faite qu'elle venait vous voir au moins une fois par semaine. Elle disait à sa famille qu'elle allait en ville suivre un cours de sténotypie. Pourquoi mentait-elle ? Vous aviez une liaison avec elle ?

— Moi ? Avec Hélène ? Vous plaisantez ! bégaie lamentablement le vieux.

— Alors, pourquoi venait-elle chez vous ?

— Je lui apprenais à jouer de l'accordéon. Elle était douée, elle avait de l'oreille.

— Dans ce cas, pourquoi est-ce qu'elle mentait ? Pourquoi disait-elle qu'elle allait suivre des cours de sténotypie ?

— Ses parents ne lui permettaient pas de jouer de l'accordéon qu'elle aimait beaucoup. C'est pour cela qu'elle mentait, sûrement.

— Combien vous donnait-elle pour ces leçons d'accordéon ?

— Mais rien, monsieur le Juge ! Vous ne pensez tout de même pas que je la faisais payer !

— Allons, voyons... Elle vous donnait bien quelque chose en échange de vos leçons.

— Mais quoi, monsieur le Juge ? Qu'est-ce que vous voulez qu'elle m'ait donné ? demande le vieux, qui n'ose pas comprendre les insinuations du juge.

— Une jolie fille de dix-huit ans a bien des choses à donner... Enfin, admettons. Racontez-moi comment se déroulaient ces leçons.

— Eh bien, en hiver, elle frappait au carreau. En été, comme je laisse la porte ouverte, elle m'appelait et je lui disais d'entrer. Quelquefois, je l'attendais assis devant la maison. On se disait bonjour. J'allais chercher mon accordéon dans le placard pendant qu'elle me racontait les nouvelles du village. Quand il faisait froid, je lui donnais la leçon près de la cheminée. Quand il faisait beau, dehors, on restait appuyés contre le mur parce que c'est du granit noir, il reste chaud tard la nuit.

— Et pourquoi faisiez-vous cela ?

— Pour le plaisir, monsieur le Juge. Elle était si gaie et si belle... Vous comprenez, monsieur le Juge : je suis tout seul, là-haut. C'était une fête de la voir. Oui, c'est vraiment le mot : « une fête ».

Devant le visage extasié du vieux berger et la naïveté de ses réponses, le juge se sent brusquement embarrassé :

« Sébastien Baton, dit-il alors avec une certaine solennité, je ne vous accuse pas encore d'avoir tué cette jeune fille. Mais comprenez que les circonstances, ajoutées aux mensonges que vous avez tout d'abord soutenus, sont accablantes. Nous allons poursuivre l'enquête, mais, en attendant sa conclusion, je suis obligé de vous incarcérer. Comprenez bien, Sébastien Baton, ce n'est pas une condamnation, c'est de la préventive.

— Quoi ?... Vous me mettez en prison ?

— Préventive, je vous dis ! Préventive... »

Huit mois plus tard, la petite porte de fer s'ouvre comme une chatière tout en bas des grands vantaux de la prison et va se refermer derrière le vieux berger. « La préventive » est terminée.

« Au revoir », dit Sébastien au gardien qui lui tend son havresac.

Le gardien hoche la tête :

« Il ne faut jamais dire « au revoir » lorsqu'on sort de prison.

— C'est un mot comme ça ! C'est la politesse, plaisante le vieux, mais je suis bien sûr de ne jamais y revenir.

— Je te le souhaite, vieux! Mais c'est pas si sûr. »

Sébastien Baton, en route vers la gare, s'éloigne d'un pas gaillard, en respirant l'air libre à pleins poumons, et il crie :

« Je préférerais mourir que de revenir ! »

Dans le vieux wagon de bois qui l'emmène vers son village, le berger se sent très bien jusqu'au tunnel. Ce tunnel traverse une montagne : de ce côté, c'était l'étranger ; de l'autre, ce sera sa vallée, chez lui. Or, lorsque le wagon ressort du tunnel, dans une fumée de charbon qui pique le nez, Sébastien Baton se sent brusquement mal à l'aise : comment va-t-on le recevoir ici après huit mois passés en prison ? Il n'y avait pas pensé.

Dans la petite gare, il est le seul à descendre du train. L'employé, le voyant venir vers lui du bout du quai, n'en croit pas ses yeux.

« Bonjour, Auguste ! s'exclame Sébastien, tendant une main que l'autre serre mollement... Me voilà...

— Toi ? Bon sang, d'où sors-tu ?

— De prison. Je suis libre.

— Comment ? Ils t'ont relâché ?

— Eh oui, mon vieux, je suis innocent ! »

Coup de sifflet à l'intention du mécanicien qui s'impatiente dans sa locomotive, l'employé agite son drapeau rouge, jette un regard alentour et conseille à voix basse :

« A ta place, je ne passerais pas par le village. Fais plutôt le tour par la carrière.

— Pourquoi ?

— C'est un conseil d'ami, tu fais ce que tu veux. »

Ayant suivi le conseil, une demi-heure plus tard Sébastien Baton sort ses clefs devant la porte de sa bergerie. Il a du mal à faire fonctionner la serrure qui a rouillé pendant son absence. Malgré lui, il ne peut s'empêcher de glisser un coup d'œil vers le petit bois de sapins. Et l'assassinat d'Hélène, qu'il voulait oublier, lui remonte à la gorge.

Sébastien Baton a peur, très peur. Est-ce un pressentiment ?

Bien qu'il se fasse discret, là-haut dans sa ruine de granit noir dominant la vallée, le village sait tout de suite que Sébastien est revenu. Il a bien fallu qu'il récupère ses brebis et s'occupe du potager que les voisins espéraient bien exploiter gratuitement jusqu'à la fin des temps.

Les premiers jours, lorsqu'il croise les villageois, le berger marche vers eux, courageux et souriant, la main tendue pour engager la conversation et protester de son innocence. Mais les gens tournent la tête en le suivant du coin de l'œil : comme des chiens prêts à mordre au moindre geste suspect. Quant aux enfants, ils s'enfuient à son approche et lui trouvent le regard méchant.

Il court, parmi les gens de la vallée, l'idée que le vieux aurait tué Hélène de peur qu'elle ne mette un enfant au monde : un enfant qui serait de lui.

« Bon, ça va. Qu'ils crèvent ! grogne un beau jour le vieux, après tout, je n'ai pas besoin d'eux. »

Une seule opinion lui tient au cœur, celle des parents d'Hélène. Depuis son potager qui domine, il voit à l'entrée du village un toit de pierres plates sur lequel se dressent deux cheminées. C'est sous ce toit, au pied de ces cheminées, que vit la famille d'Hélène. Et il ne peut supporter de vivre près de ces gens, sachant qu'ils le soupçonnent d'être l'assassin de leur fille.

Ayant pris sa décision, comme un amoureux allant demander la main de sa belle, il enfile sa chemise blanche, se coiffe de son unique chapeau, pour descendre une fois de plus au village. Sur le sentier, il répète ce qu'il va leur dire : de grandes phrases, de naïfs lieux communs dans le genre de : « Je comprends votre chagrin. Moi aussi, j'ai beaucoup de peine. Hélène, c'était mon rayon de soleil. » Etc.

Hélas ! à peine a-t-il franchi, en retirant solennellement son chapeau, le petit muret qui entoure la maison d'Hélène que, devant lui, la porte s'ouvre brutalement :

« Dehors !... Fous le camp !... C'est toi qui l'as tuée ! »

Le vieux berger reste pétrifié, son chapeau à la main. A côté du père d'Hélène, grand, gros, gras, lourd et transpirant, se pressent maintenant les frères. Derrière Sébastien dans la rue, des villageois accourent. Enfin, la mère d'Hélène, les yeux hors de la tête :

« Va-t'en... Tu ne perds rien pour attendre ! T'inquiète pas, on s'occupe de toi... Les gendarmes sont des incapables ! Mais nous, on te forcera bien à avouer ! »

Alors il fait demi-tour, passe entre la double haie d'hommes et de femmes, recoiffe son chapeau et s'en retourne là-haut, dans son désert, désespéré. Il s'enferme dans la vieille bergerie de granit noir.

Assis sur une chaise devant le granit chaud, le vieux bonhomme, désormais, envisage le pire : ces gens veulent un coupable et ils n'ont que lui sous la main. Le lendemain, en effet, un petit commando de trois hommes, que semble commander le père d'Hélène, brise la porte, s'engouffre dans la bergerie et fouille toute la maison.

Sans doute ne trouvent-ils pas ce qu'ils cherchent puisqu'ils repartent après avoir cassé de la vaisselle et bousculé le vieux berger. En piétinant les fromages tendres et blancs posés religieusement sur une planche.

Craignant d'aviver la fureur des villageois, Sébastien Baton n'ose pas prévenir les gendarmes. Il croit d'ailleurs ceux-ci plus ou moins complices. Impunis, les imbéciles s'en donnent donc à cœur joie : le lendemain, un groupe de jeunes gens prennent pied sur le plateau et font le siège de la bergerie :

« Assassin !... Assassin ! Allez, sors de là ! »

Le vieux a barricadé sa porte qui, cette fois, tient bon, et le groupe s'en va après avoir tenté, sans succès, d'y mettre le feu.

C'est pendant ce siège dérisoire que l'état d'esprit du vieillard va brusquement changer. Depuis quelques jours, il fuyait les gens, mais petit à petit la peur fait place à la haine. Non seulement ces gens sont méchants et stupides avec lui, mais ils sont immondes avec Hélène.

Qu'ils le croient assassin, qu'ils veuillent se venger, passe encore. Mais il n'admet pas le motif. Comment des gens, des amis, les parents d'Hélène peuvent-ils imaginer qu'elle couchait avec lui ?

Il lui arrive de s'arrêter devant le bout de verre accroché au mur et qui lui tient lieu de miroir, de se regarder et d'imaginer près de ses joues ratatinées le visage si neuf, si frais de la jeune fille. Ces gens sont fous... complètement fous.

Alors, brusquement, l'idée lui vient : il faut venger Hélène que ces gens salissent à plaisir, et c'est à lui de le faire.

Dans la nuit, il grimpe sur une chaise pour prendre son vieux fusil caché depuis huit mois sur une poutre et couvert de la poussière tombée du toit. Ils veulent un assassin ? Eh bien, ils vont en avoir un !

Se gardant bien d'allumer une lampe, trébuchant sur le sentier, le fusil caché sous la vieille couverture dans laquelle il s'est enroulé, épaisse et raide comme un tapis, il descend vers le village.

Il est vingt-deux heures lorsque le vieux berger, debout devant la maison des parents d'Hélène, appelle :

« Oh !... Oh !... C'est moi, Sébastien ! Vous sortez ou je viens vous chercher ? »

Comme l'autre jour, la porte s'ouvre brutalement. Le père d'Hélène, grand, gros, gras, transpirant, en sort comme un diable d'une boîte ; mais il n'a pas le temps de prononcer une parole...

Autour du berger, le long de son corps, la grosse couverture a glissé. A peine a-t-elle touché le sol que le fusil brusquement dressé a craché une première balle.

La deuxième est pour la mère d'Hélène qui s'apprêtait à crier sa haine.

« Vous vouliez un assassin, me voilà ! » s'exclame le vieux berger en se retournant vers les villageois qui commencent à ramasser des pierres pour le lapider.

Aux assises, le vieux berger ne sera ni accusé ni témoin. Il s'est suicidé dans sa cellule. Faute de savoir qui lui a lancé la première et la dernière pierre, le tribunal ne prononcera que des peines dérisoires. Seul un journaliste posera la vraie question : « Le détraqué qui a tué Hélène n'est pas excusable ; victime de sa folie, il est sans doute à plaindre. Le vieux berger persécuté a, lui, bien des circonstances atténuantes, mais quelle est l'excuse des autres ? L'imbécillité rejoignant la vengeance sont un assassinat permanent. »

CONSTANTIN DIGOIS, ASSASSIN PEUREUX

MONSIEUR DIGOIS a le caractère le plus aimable du monde. C'est un homme conciliant, parfois heureux, souvent anxieux de blesser les autres ou de leur causer du tort.

Ce mini-dialogue, aux environs de six heures du soir avec la concierge de son immeuble, en est un exemple. C'est la concierge qui commence :

« Hier, votre sac poubelle s'est déchiré dans le vide-ordures et tout s'est éparpillé dans les sous-sols. Je vous rappelle qu'il est interdit de mettre des bouteilles dans les sacs réservés au vide-ordures !

— C'était un flacon de sirop pour la toux, ma femme est enrhumée, je ne pensais pas.

— N'empêche que votre sac a craqué ! Vous le remplissez trop !

— C'est-à-dire que la qualité du plastique est de moins en moins...

— Monsieur Digois, la qualité du plastique est la même pour tout le monde...

— Bien sûr... Je m'en excuse... Cela ne se reproduira pas... Vous comprenez, je suis fatigué, ma femme est malade et je n'ai guère l'habitude des sacs poubelle. »

Mais la concierge ne l'écoute déjà plus. Pour elle, la question de Constantin Digois est réglée depuis longtemps. Sa femme le mène par le bout du nez, il n'ira jamais plus haut que le cadre moyen d'une succursale de banque, et, il a beau prendre des airs et faire des sourires, on sait bien qu'il descend les poubelles tous les soirs, comme il remonte les croissants tous les matins. Entre-temps, il va maigrement gagner sa vie derrière un comptoir.

« C'est un pauvre type ! » dit et dira toujours la concierge.

Et à quelques locataires privilégiés, des femmes en général, elle achève le croquis de Constantin Digois :

« Il est cocu et il le sait même pas. Sa femme porte des robes qui valent plus que sa paie du mois et il s'en rend même pas compte ! C'est pas un homme, c'est une pattemouille. »

Or, qu'est-ce qu'une pattemouille ? Une pattemouille est un chiffon destiné à être humide pour repasser du linge trop sec. Une pattemouille peut être faite du moindre chiffon désaffecté et sans avenir. Une pattemouille sert à effacer les faux plis du beau linge et en demeure elle-même jaunie, desséchée jusqu'à l'usure finale qui la conduira à la poubelle.

Ainsi juge-t-on dans son immeuble Constantin Digois : une pattemouille qui s'occupe de poubelles.

C'est pourquoi, à force de le mépriser, l'ensemble de la communauté de l'immeuble finira par trouver normal que Constantin Digois ait abattu sa femme de trois balles de revolver dans le ventre par une nuit d'été 1961 : normal qu'il l'ait abandonnée au bord d'un fossé, le long d'un terrain vague à cent mètres de l'autoroute, et normal qu'il nie avec acharnement avoir commis ce crime infâme.

Nous pouvons parfaitement imaginer la garde à vue de Constantin Digois : ahuri, apeuré, dépassé par les événements ; les deux policiers qui l'interrogent à tour de rôle le prennent à tour de rôle pour un sadique dissimulateur ou un imbécile patenté, mais dans les deux cas pour l'assassin de sa femme.

L'est-il ? En refaisant l'enquête, la question se pose jusqu'au coup de théâtre final.

Si l'on regarde bien Constantin Digois de face ou de profil sur les photographies de l'identité judiciaire, on est d'abord tenté de dire : « Après tout, il a une tête d'assassin. »

Front bas, de maigres sourcils châtains, nez informe et menton indécis. Mais il faut se méfier de ce genre d'à priori, car n'importe qui peut avoir une tête d'assassin sur les photos de l'identité judiciaire. En fait, Constantin Digois a un brave regard noisette et une perpétuelle tentative de sourire au coin des lèvres, même dans les cas les plus graves. C'est un conciliant, un brave, et il ne s'énerve même pas à répéter aux policiers qu'il n'a pas tué sa femme.

« Je n'ai même pas de revolver...

— Tu as pu t'en débarrasser, trouve autre chose !

— Je n'ai jamais eu l'idée de tuer quelqu'un.

— Quelqu'un, peut-être pas, mais ta femme ? Vous ne vous entendiez pas, tous les voisins sont d'accord !

— Elle n'avait pas un caractère facile, mais on ne tue pas les gens pour ça...

— Le soir de sa mort, on vous a entendus vous disputer.

— Moi, je ne discutais pas, c'est elle qui criait, elle voulait que je passe un concours dans l'Administration pour avoir une augmentation de salaire.

— Elle voulait divorcer, tous les voisins sont d'accord !

— Oh ! elle disait ça comme ça. A quarante ans, les femmes ont toujours envie de voyager.

— Tu nous prends pour des imbéciles ? Elle a écrit à sa sœur qu'elle demandait le divorce ! Ça n'a rien à voir avec un voyage, ça ! »

Constantin Digois ravale son petit sourire triste :

« Ah ? Elle l'avait écrit à sa sœur ? Alors, c'est pour ça qu'elle voulait que je gagne plus. C'était pour la pension alimentaire !

— Tu savais qu'elle voulait divorcer et tu l'as tuée pour ça. Allez, avoue, bon sang. Tu crois t'en tirer ? Pas d'alibi, la dispute que tout le monde entend, le divorce en suspens.

— Je l'ai pas tuée, elle est sortie vers onze heures du soir et je ne l'ai plus revue.

— C'est toi qui l'as entraînée dehors, tu l'as fait sortir de voiture sur un prétexte quelconque, trois balles et tu rentres à la maison !

— J'ai pas quitté la maison. J'ai pas de revolver et elle est sortie seule.

— Admettons qu'elle soit sortie seule à onze heures du soir ! Pour aller où ? Avec qui ?

— Je ne sais pas. Ça lui arrivait de sortir sans rien me dire. »

Depuis vingt-quatre heures, l'interrogatoire tourne en rond, jusqu'au moment où le rapport d'expertise change complètement la face des choses.

« Digois.... Tu ne nous as pas dit que ta femme était enceinte de trois mois !

— J'en savais rien. Je vous jure que j'en savais rien ! Et puis, c'est pas moi !

— Comment ça, c'est pas toi ?

— Ben non, ça peut pas être moi ! Ça fait plus d'un an que Solange... enfin, elle voulait plus.

— Et tu prétends que tu ne t'es aperçu de rien ? C'est pas un bon mobile, ça ? Imagine un peu l'histoire : ta femme te trompe, elle a un amant, elle est enceinte, elle veut divorcer, te quitte. C'est trop pour toi, tu la tues ! Qu'est-ce que t'as fait de l'arme ? »

Constantin Digois pleure, sans bruit, les bras pendant le long du corps. Pour les policiers, c'est un criminel qui s'effondre, cas typique. Ils ont gagné, l'homme va avouer.

Et en effet, il avoue. Des aveux bizarres, cela dit, déroutants.

« Si vous voulez que ce soit moi, allez-y. Mettez-moi en prison, après tout je m'en fiche. Qu'est-ce que je ferai tout seul dans cet appartement ? C'est moi, d'accord, allez-y ! Je suis l'assassin de ma femme ! »

L'ennui, c'est qu'à la question : « Où est l'arme ? » Constantin Digois prend l'air effaré...

« Ben, je sais plus, j'ai dû la jeter. Je me rappelle pas où. »

Et là, les policiers commencent à douter. Décidément, cet assassin-là ne les aide pas. Ou il est de plus en plus stupide, ou il se fiche d'eux de plus en plus. Une chiffe molle, une tête à claques, un mou, un velléitaire, un menteur, un lâche. Qu'est-il au juste, Constantin Digois ?

Même pas un assassin, un vrai, quoiqu'il reste les nuances. Et les nuances sont toujours importantes dans un dossier d'instruction.

Constantin Digois est donc inculpé par un juge

d'instruction sceptique. Il reçoit la visite de sa mère, une femme immense, énorme et volubile, puis refuse de la revoir. Il se traîne aux interrogatoires du juge, l'œil abattu, le teint gris, le menton plus mou que jamais. Mais peu à peu, à force de contradictions et d'interrogations pièges, le juge arrive à une certitude importante: Constantin savait que sa femme avait un amant depuis deux ans. Un homme plus jeune, bien plus jeune qu'elle. Un homme de vingt-cinq ans, alors qu'elle franchissait la quarantaine.

Autre certitude: Constantin ne pouvait pas donner d'enfant à sa femme.

Enfin, l'élément de l'enquête qui l'a fait « craquer », comme on dit, fut d'apprendre que Solange était enceinte.

Le juge a sa petite idée.

« Vous vous accusez, mais je ne vous crois pas. Pourquoi avez-vous pleuré en apprenant l'état de votre femme ?

— Elle voulait un enfant depuis si longtemps et elle est morte avec...

— Je ne vous comprends pas ! Vous la tuez et vous pleurez ensuite à cause du bébé ?

— Je ne l'aurais pas tuée si j'avais su !

— Pourquoi tirer dans le ventre ?

— Je ne sais pas.

— Où est l'arme ? D'où venait-elle ?

— Je ne sais pas.

— Comment s'appelle l'amant ?

— Je ne sais pas.

— Vous mentez, il s'appelle Claude, il est étudiant, votre femme en a parlé à une amie, et la concierge se souvient d'une voiture bleue le soir du crime qui attendait devant l'immeuble. Votre voiture n'est pas bleue.

— La concierge m'en veut.

— C'est possible, mais pour l'instant son témoignage pourrait vous innocenter à condition de dire la vérité. Le nom de ce jeune homme ?

— Connais pas.

— Dans le carnet de votre femme, il y a un numéro de téléphone, celui d'un hôtel. Dans cet hôtel, on l'a vue souvent accompagnée d'un homme jeune, brun, sportif, toujours vêtu d'un blouson et de jeans. Elle l'aurait appelé Claude, et il possède une voiture bleue. Le soir de sa mort, votre femme est partie avec lui dans cette voiture bleue. Vous, vous avez descendu la poubelle après leur départ. Vous protégez ce garçon, Digois ? Vous protégez l'amant de votre femme, celui qui lui a fait un enfant et l'a tuée ?

— Je ne le connais pas et il ne l'a pas tuée, c'est moi.

— Pourquoi avez-vous nié pendant l'enquête de police, alors ?

— Je ne sais pas, par réflexe, j'avais peur.

— Il y a trop de choses auxquelles vous ne songez pas, monsieur Digois, et la plus importante c'est l'endroit où vous auriez jeté l'arme du crime. Alors, je vais vous mettre en liberté provisoire quitte à vous inculper ensuite de non-dénonciation de criminel et complicité. Nous finirons bien par le retrouver ce jeune amant. Il y a des lettres, des indices. On n'entretient pas une liaison de plus de deux ans sans laisser de traces. Cette montre magnifique que votre femme a achetée chez un grand bijoutier : j'ai la facture, elle se trouvait dans son coffre à la banque, la police me l'a remise, elle ne vous était pas destinée.

— Si, je l'ai perdue !

— Mensonge, Digois. Le bijoutier recherche le double de la garantie. Dans quelques heures j'aurai le nom de cet homme. Vous devriez parler, maintenant.

— Laissez-moi tranquille, je suis fatigué.

— Pleurer ne sert à rien, Digois. Pleurer n'est pas une défense, ni un argument, ni un alibi. Cessez de pleurer, une fois dans votre vie, et regardez-la en face, cette vie! »

On gagne toujours, avec Constantin Digois. Sa mère le dominait, sa femme le dominait, sa concierge, l'amant de sa femme, un chien l'aurait tenu en laisse.

Il parle après avoir reniflé longtemps.

« Je crois que c'est lui qui l'a tuée, mais j'étais d'accord.

— Complice? Vous prétendez avoir commis le crime ensemble?

— Non, je n'étais pas là, mais j'ai senti qu'il fallait la tuer.

— Pourquoi, comment?

— Parce que je l'entendais au téléphone, elle le suppliait, elle le menaçait, elle disait qu'elle voulait un enfant, qu'elle allait divorcer et que, s'il ne voulait pas l'épouser, elle irait tout raconter à sa famille, qu'elle gâcherait sa vie, et lui, il avait rencontré une autre femme, une jeune fille de son âge. J'ai tout entendu. J'ai même lu une lettre que j'ai déchirée pour qu'il ne soit pas accusé, pour qu'on ne le retrouve jamais. Je me doutais qu'il la tuerait et, quand on est venu me chercher, quand j'ai vu le corps, j'ai pensé: « Nous voilà délivrés tous les deux. » Il m'a délivré d'elle, moi je n'aurais jamais eu le courage, surtout si j'avais su qu'elle était enceinte, mais c'était quand même une mauvaise femme, vous savez. »

Au fond, il est brave, cet assassin par procuration, faible mais brave. Esclave pendant des années, il a voulu sauver celui qui le délivrait de sa chaîne. Il n'a rien à voir avec le jeune assassin, beau et sportif, au regard bleu calculateur, qui a tué mathématiquement et froidement, puis s'est enfui en Espagne où on le retrouvera sans trop de difficultés.

Un jeune bien sous tous rapports, de bonne famille, ambitieux, usant d'une maîtresse plus âgée, plus pratique, à la quarantaine confortable. Des gens normaux, tous ces gens-là.

GRAND-MÈRE ADOPTIVE

IL est là, l'assassin. Dans la pièce, au milieu des autres. Comme les autres, il picore des petits fours et boit du champagne. Comme les autres, il échange des propos anodins, sourit, plaisante. Ce n'est qu'un invité d'une petite réception entre amis. Tout à l'heure, il reprendra son manteau, son écharpe et son parapluie. Il dira au revoir sur le pas de la porte.

« Merci, c'était une charmante soirée ! A bientôt. »

Dans la rue, il cherchera un taxi, en pestant contre les flaques d'eau.

C'est un assassin qui ne porte aucun signe distinctif. Un M. Tout le Monde, âgé de trente ans, plutôt beau garçon, exerçant le métier d'entrepreneur en bâtiment. Un artisan devenu patron à force de travail et de sérieux. Un célibataire sans histoires et sans famille, qui a connu des débuts difficiles. Père mort alcoolique, alors qu'il n'avait que seize ans, mère envolée avec un autre, disparue. Ni frère ni sœur. Il a appris son métier sur le tas, d'abord apprenti, puis ouvrier, puis ouvrier qualifié. Lorsque l'entreprise qui l'employait a déposé son bilan, il est parti en chasse tout seul. Petits chantiers de-ci, de-là, une cuisine à refaire, une maison à repeindre, et ainsi de suite. A présent, il a des associés, un compte en banque, des travaux en prévision pour plusieurs mois, un appartement dont il est propriétaire, entièrement remis à neuf de ses propres mains. Depuis peu, il a étendu ses activités dans la récupération de matériaux anciens.

Le hangar où il entrepose les objets rescapés des démolitions représente à lui seul une bonne petite fortune. Charpentes, portes, cheminées, sanitaires de luxe, déjà cotés à la vente, panneaux sculptés, fontaines, fresques, boiseries anciennes... Il commence à travailler avec les décorateurs, il a des idées, un jour, il sera riche. Un jour, il oubliera son vieux père alcoolique et les quartiers sinistres où il a traîné une enfance solitaire de demi-pauvre.

Il est chez lui, l'assassin. Il verrouille sa porte comme tout le monde et va dormir comme tout le monde.

Son nom importe peu. Dans le métier on l'appelle Rezi, un diminutif, ou une contraction de son nom de famille, devenu la marque de son entreprise.

La vieille Mme Mosser est morte dans son lit, de sa belle mort, à quatre-vingt-onze ans. Un âge acceptable pour quitter ce bas monde, après une vie bien remplie. Un âge où on a depuis longtemps laissé derrière soi amis, époux, et où l'on se sent l'ultime survivant d'une époque révolue.

Mme Mosser disait :

« Je tarde à m'en aller, c'est un peu indécent pour tous ceux que j'ai connus et qui m'attendent là-haut. »

Elle disait cela souvent à son ami Rezi. Son confident, une sorte de petit-fils récupéré sur le tard. Pour avoir repeint le salon et rénové sa cuisine, Rezi était devenu l'intime de la vieille dame. Deux ans d'affection et de tasses de thé partagées, de conversations tranquilles, d'attentions affectueuses.

Rezi vient saluer une dernière fois sa vieille amie défunte. Il s'occupera des formalités de l'enterrement. Son chagrin est visible, sincère. Même si la dame de compagnie en doute, elle l'a marmonné à une voisine.

« Ce garçon ne m'a jamais plu ! Il l'appelait mamie. Il en faisait trop, à mon avis. Et elle le gâtait ! Un petit cadeau par-ci, un souvenir par-là. Vous vous souvenez de la réception qu'elle a donnée le mois dernier ? C'était pour l'anniversaire de Monsieur. J'ai vu le cadeau : une montre suisse en or. On peut dire qu'il aura tout fait pour avoir l'héritage, celui-là.

— Parce qu'il hérite ?

— J'en donnerais ma main à couper ! Elle a fait venir le notaire, à Noël dernier. Vous verrez, il aura tout !

— Elle ne vous a sûrement pas oubliée, depuis le temps que vous la soigniez !

— J'ai l'habitude, allez ! Dans mon métier, il ne faut rien espérer. Nous ne sommes que des employées. »

Mme Mosser repose en paix. Sous la terre, elle a rejoint son époux et son fils unique. Et la lignée s'éteint avec elle. De vagues cousins perdus de vue ne se sont même pas déplacés. Le caveau des Mosser vient d'accueillir son dernier locataire. Un beau caveau et un bel héritage.

Il y a le notaire, le médecin devenu ami, deux ou trois vieilles dames, plus jeunes que la défunte, la dame de compagnie, bien sûr, quelques voisins, tous locataires de Mme Mosser qui possédait entre autres trois immeubles en ville, outre son hôtel particulier.

A la fin de la cérémonie, le notaire se penche discrètement vers l'entrepreneur Rezi.

« Passez à mon étude demain matin, notre pauvre amie a laissé un testament.

— Il me concerne ?

— Plus que vous le croyez. »

Rezi hérite de la quasi-totalité de l'héritage Mosser, hormis quelques dons à ses proches : femme de ménage, dame de compagnie, et un legs à une œuvre de charité.

En 1965, c'est une fortune évaluée à plus de 500 millions de francs légers en immobilier. Le reste, placements, actions et bijoux de famille, frôle également les 500 millions.

Le notaire estime que, une fois payés les impôts de succession, très lourds pour un étranger à la famille, Rezi se trouvera tout de même à la tête d'un demi-milliard. C'est trop pour un seul homme, pour un petit entrepreneur de bâtiment.

Prévenus par qui, on ne sait, les vagues cousins s'insurgent. Mais le testament est formel. L'héritier inattaquable, sauf... sauf, bien sûr, si les vagues cousins l'accusent d'avoir « aidé » la mort de Mme Mosser. De s'être imposé dans l'intimité de la vieille dame uniquement dans ce but, d'avoir joué les petits-fils aimants et consacré la plupart de ses dimanches, vacances et soirées à sa soi-disant « mamie ». La dame de compagnie est prête à témoigner. Elle suivra *la famille* en justice. Elle dira ce qu'elle sait. Que sait-elle ?

« Monsieur le Procureur, la veille de sa mort,

Mme Mosser était en parfaite santé. Je l'ai laissée seule dans sa chambre avec cet homme. Ils jouaient au jacquet. Je suis allée me coucher, et le lendemain matin je l'ai trouvée morte!

— Le médecin a conclu à un arrêt cardiaque. Vous n'acceptez pas ce diagnostic?

— Non.

— Quels sont vos doutes? Il me faut des faits précis, madame.

— J'ai vu des marques sur son corps en l'habillant. Et en particulier une, sur le cou. A mon avis elle a été frappée.

— Pourquoi n'avoir rien dit au médecin?

— C'était à lui de le remarquer. Pas à moi.

— Il ne l'a pas fait?

— Il est passé rapidement sur le sujet. D'ailleurs, son examen a été des plus légers. Je l'ai entendu marmonner qu'il s'agissait d'ecchymoses spontanées. Mais il n'a pas examiné le corps dans son entier.

— Donc, vous accusez M. Rezi d'assassinat?

— Absolument. D'ailleurs, le mobile est évident. Il a attendu d'être sûr de l'héritage.

— Il aurait pu attendre sans prendre de risques, vous ne croyez pas? Quels sont les autres preuves, selon vous?

— Vérifiez donc le passé de M. Rezi. Avant de connaître Mme Mosser, il avait une autre soi-disant «grand-mère», elle est morte elle aussi. Et ça ne m'étonnerait pas qu'il ait hérité de celle-là aussi.»

Le présumé assassin se retrouve donc devant un juge d'instruction, quelques mois plus tard. Le procureur accepte la demande d'exhumation du corps, une autopsie et le gel de l'héritage.

En liberté provisoire, Rezi continue de diriger

ses chantiers; pour seule défense, il se contente de hausser les épaules:

«Ils sont jaloux et furieux. Cette accusation me peine beaucoup.»

L'ennui est que Rezi a déjà hérité d'une première grand-mère il y a cinq ans. Héritage plus modeste, bien sûr, mais qui lui a tout de même permis d'investir et d'élargir ses activités.

Le dossier grossit. L'exhumation de la première défunte est réclamée. Les choses se gâtent pour l'assassin présumé. Mais il y a toujours un endroit et un envers des choses.

A l'endroit, Rezi est peut-être un assassin. L'endroit de ses accusateurs. Mais à l'envers?

Le juge est une femme. Il y a beaucoup de femmes dans la salle de tribunal. Vieilles, jeunes, elles sont venues voir comme une bête curieuse l'horrible assassin des grand-mères. Dans leur esprit Rezi est déjà condamné. S'attaquer aux vieillards, c'est un peu comme s'attaquer aux enfants: le pire des crimes. Ils sont sans défense.

Rezi sent parfaitement l'hostilité de tous ces gens. Elle monte vers lui, et sa défense est si maigre par rapport à l'énorme héritage qu'il est susceptible d'obtenir. La voix claire du juge l'interroge sèchement:

«Vous aimez les grand-mères, monsieur Rezi?

— Oui. Pourquoi, c'est anormal?

— Expliquez-nous pourquoi, s'il vous plaît. La normalité de cette affection dépend de vos mobiles.

— Je n'ai pas eu de vraie famille. Mme Mosser s'est prise d'affection pour moi et j'étais heureux de cette affection.»

Il n'est plus question de la première « grand-mère d'adoption » de M. Rezi. L'autopsie n'a rien révélé. Si la mort de cette vieille dame fut un assassinat, il n'en reste aucune trace.

Par contre, le rapport du médecin légiste sur Mme Mosser laisse des doutes. Il est possible que les ecchymoses soient des marques de coups. Il est possible que la fracture de la jambe droite soit la conséquence d'un coup.

Mais il est possible aussi, c'est l'argument de la défense, que la pauvre femme soit tombée après le départ de Rezi, qu'elle se soit traînée jusqu'à son lit et qu'elle y soit morte effectivement d'un arrêt cardiaque.

« A quelle heure avez-vous quitté Mme Mosser ?

— Aux environs de dix heures trente.

— Sa dame de compagnie n'était pas avec vous ?

— Elle était allée dormir.

— Et Mme Mosser avait l'habitude de se coucher seule ?

— Pas toujours, je crois. Mais elle en était parfaitement capable.

— Ce genre de soirée, seul à seul, était fréquent ?

— Cela dépendait de sa forme. Depuis quelque temps elle avait du mal à s'endormir, et, comme elle adorait jouer aux cartes ou au jacquet, je passais la soirée avec elle, si elle en avait envie.

— Vous ne trouvez pas anormal, à votre âge, de consacrer vos soirées à une vieille dame ?

— Si vous aviez une grand-mère, madame le Juge, je suppose que vous ne trouveriez pas anormal de lui tenir compagnie.

— Cette femme était une étrangère pour vous, ce n'est pas la même chose.

— Vous ne pouvez pas comprendre. Il faut être orphelin pour comprendre. Elle me considérait un peu comme son enfant, son petit-fils. Elle était si gaie, si drôle, si cultivée. Elle me parlait de sa famille, de sa jeunesse, j'avais l'impression d'en faire partie.

— Saviez-vous qu'elle allait vous léguer sa fortune ?

— Elle n'en a jamais parlé devant moi.

— Vous vous en doutiez un peu, tout de même ?

— J'ai pensé qu'elle me léguerait quelque chose, en effet. Mais je ne m'attendais pas à l'héritage.

— La famille et la dame de compagnie vous accusent. Savez-vous pourquoi ?

— La famille, je l'ignore. Je n'ai jamais vu le moindre cousin auprès d'elle. Elle n'en parlait jamais, d'ailleurs. Tout ce que je savais, c'est qu'ils ne la voyaient plus depuis des années, et que ce cousinage était très éloigné. Quant à la dame de compagnie, j'imagine qu'elle était jalouse de ma présence.

— Jalouse ? Pour quel motif ? Cette femme était employée. Elle n'avait aucune raison de vous jalouser !

— Alors, je ne vois pas pourquoi elle m'accuse d'un crime que je n'ai pas commis.

— Le témoin dit avoir découvert le corps de Mme Mosser à sept heures du matin, le médecin précise que la mort remonte aux environs de minuit, l'autopsie a révélé des traces de coups et une fracture de la jambe.

— Elle a pu tomber après mon départ.

— En effet. Et elle n'aurait pas appelé ? Sa

dame de compagnie occupe la chambre voisine!

— Il m'est arrivé souvent de l'appeler moi-même, alors qu'elle dormait, sans obtenir de réponse. Je sais par Mme Mosser qu'elle prenait des comprimés pour dormir. »

Le témoin s'insurge contre cette affirmation, mais le médecin de famille révèle qu'il a délivré au témoin plusieurs ordonnances dans ce sens. Le juge reprend donc :

« Donc, il est possible que le témoin n'ait pas entendu, mais ceci peut également se retourner contre vous, monsieur Rezi? Vous connaissiez ce fait, vous avez pu commettre votre forfait en toute tranquillité.

— Je ne suis pas un assassin. Je n'en voulais pas à la fortune de Mme Mosser.

— Vous n'avez pas refusé son héritage, que je sache?

— Non. Elle a fait un testament en ma faveur, c'est la preuve matérielle qu'elle me considérait vraiment comme sa seule famille. Je n'y renoncerai pas. »

Et les débats vont ainsi tourner autour des suppositions. Mme Mosser a pu tomber, se fracturer la jambe, se cogner en tombant, se cogner en cherchant à gagner son lit et y mourir.

Elle a pu aussi être assassinée. S'il n'y avait pas le fabuleux héritage. Le fabuleux mobile et la première grand-mère « adoptive » de M. Rezi.

Bien sûr, les jurés sont censés ne pas tenir compte de ce dernier fait. Mais il est dans leur tête, la presse en a parlé, et ce tas d'argent les fascine. Le résultat est à la mesure de cette fascination : vingt ans de prison pour M. Rezi. L'assassin Rezi. Qui pleure en écoutant le verdict. Mais il n'est pas le premier à pleurer dans de telles circonstances. Il n'est pas le premier à dire :

« Je jure que je suis innocent, je ne voulais que son affection, retrouver la chaleur d'un foyer, d'une famille que je n'ai jamais eue. »

Personne ne le croit et chacun pense : « Il n'avait qu'à choisir une grand-mère pauvre. »

M. Rezi a rejoint les assassins en prison. Il n'est plus parmi nous. Mais qui sait vraiment où est sa place ?

L'ASSASSIN SANS ARME

MONSIEUR le nouveau directeur vient de prendre ses fonctions. Le personnel l'attendait, tout le monde en parlait depuis plusieurs semaines. La veille, lors de l'apéritif d'adieu offert par M. l'ancien directeur, ce dernier avait fait un speech à ce sujet :

« Hermann Stern, votre nouveau patron, est un homme remarquable, il saura faire de cette agence la meilleure de Francfort. Il est jeune, moderne et, avec l'expérience de chacun de vous, je suis persuadé que cette maison où j'ai passé presque toute ma vie deviendra la première agence d'assurances de la ville. Vous n'avez rien à craindre pour vos emplois. Modernisation et restructuration ne veulent pas dire licenciements, j'ai obtenu toutes les garanties à ce sujet, Hermann Stern prendra ses fonctions le 1er février 1965, quant à moi, je vous remercie de m'envoyer à la pêche ! »

Et tout le monde avait ri. Le cadeau d'adieu du personnel à son ancien directeur trônait sur la table au milieu des coupes de champagne : une magnifique canne à pêche, avec moulinet perfectionné et accessoires multiples. Chacun, ici, connaissait la passion du directeur. Passion qui allait meubler une retraite paisible, comme elle avait rempli une vie paisible.

Cette bonne ambiance paraît bien lointaine aujourd'hui. L'heureux retraité est à la pêche, en effet, en ce vendredi de janvier, fin de mois, veille de week-end. Le travail est un peu relâché, chacun commente son départ, imagine l'avenir, lorsque l'avenir ouvre la porte :

« Messieurs, bonjour, Hermann Stern. Votre nouveau directeur. Quelqu'un veut-il me montrer les bureaux ? »

Grand, mince, quarante-cinq ans, l'œil bleu, le visage lisse, le cheveu en brosse, Hermann Stern a jeté un froid brutal. Son arrivée était prévue pour le lundi suivant. Chacun s'est senti pris en faute, comme des élèves chahuteurs en l'absence du maître d'école. Et tous les regards se sont tournés vers Konrad Richter, le sous-directeur, tandis que le nouveau venu enchaînait dans le style télégraphique :

« C'est vous Richter ? Parfait. Suis à vous dans dix minutes. Ma secrétaire ? C'est vous ! Rassemblez les dossiers, suis à vous dans vingt minutes ! »

Konrad Richter, cinquante-six ans, sous-directeur depuis dix ans, devrait dire quelque chose, réagir ; après tout, c'est lui le chef du personnel, c'est lui le plus ancien, c'est lui le salaire le plus élevé, bref c'est à lui de bouger, de parler, de rompre la glace. Mais il en est incapable. L'œil bleu de cette homme le paralyse. Le ton saccadé, l'allure d'automate inflexible, le costume impeccable, la serviette de cuir, mince, luisante comme une menace.

Il bredouille :

« Je vais vous montrer les bureaux, monsieur. »

C'est fichu. Il s'est mis en état d'infériorité, et il

le sait. Or toute sa vie dépendait de cette première minute, mais, ça, il ne le savait pas encore.

Certains hommes ont l'air d'avoir un couteau invisible entre les dents. Hermann Stern, le nouveau directeur, est de ceux-là. Son sourire, extrêmement rare, est incisif. Son langage, tranchant. Sa voix, coupante. Son efficacité, pointue. En une journée, il a fait le tour des problèmes. Du moins, il a révélé des problèmes qui semblaient ne pas exister. Konrad Richter, en tout cas, les ignorait. L'aimable routine qui présidait au fonctionnement de l'agence depuis des années, sous l'aimable férule de l'ancien directeur, avait occulté ces problèmes.

« J'ai étudié votre rendement depuis dix ans, Richter. Au siège, personne ne le conteste. Moi je le discute. »

Et d'aligner des chiffres, de comparer, d'additionner, pour finir par soustraire :

« Si je garde le personnel, je suis obligé de réduire votre salaire. Or, j'ai décidé de garder le personnel. C'est à nous de prendre les dispositions qui vont améliorer la rentabilité de l'agence. Bien entendu, pour 500 marks de moins, je vous décharge d'une responsabilité. C'est moi qui contrôlerai les courtiers et les démarcheurs. Ils s'endorment. Vous aurez plus de temps pour la gestion. Et, comme je ne pratique pas la pêche, mes tournées d'inspection seront courtes. Nous nous comprenons ? Parfait. Si ma méthode fonctionne, le portefeuille de l'agence doit augmenter d'un tiers en deux ans. Vous utiliserez ma secrétaire. La vôtre est une surcharge, elle est mutée au siège central à Munich. Des questions ? »

Konrad Richter n'en a qu'une : son salaire. Jusqu'ici il touchait 2000 marks par mois, pour faire vivre sa femme, son fils de dix-neuf ans et payer le loyer de son pavillon dans un quartier résidentiel de Francfort. Et il lui semble que réduire arbitrairement ce salaire à 1500 marks est incompatible avec les conventions professionnelles.

« Relisez votre contrat, Richter. Les 500 marks ne font pas partie du salaire affecté à votre poste. Il s'agit d'une prime d'inspection. J'assure cette inspection, en tant que directeur c'est normal, et nous réalisons une économie. L'agence en a besoin. Autre chose, je réduis les bureaux, nous louons cent mètres carrés à l'un de nos courtiers. Deux avantages à cela, l'avoir à l'œil et récupérer un loyer. Vous vous installez avec la comptabilité. Question ? »

Konrad Richter n'a plus de question. Il aimerait en sortir une de son chapeau, mais il n'est pas magicien et l'autre a raison. C'est le genre d'homme persuadé qu'il a raison, d'ailleurs. Le genre d'homme qui fonctionne au raisonnement logique, ne se préoccupe pas des sentiments, n'a pas de temps pour les états d'âme. Il a étudié le droit, comme Richter, il fait partie de la même association d'anciens élèves, mais il est moins ancien et directeur à quarante-cinq ans, alors que Richter est sous-directeur à cinquante-six ans... Il rénove, organise, rentabilise les petites agences. On suggère, dans la profession, qu'il en a supprimé au nom de cette sacro-sainte rentabilité. On raconte aussi qu'il est utilisé par le siège central pour « faire le ménage » dans les agences, et qu'il est nommé ailleurs une fois sa tâche terminée. On ajoute qu'il sera un jour le grand patron d'une succursale.

Le dos courbé, Konrad Richter quitte le bureau directorial. Avant l'arrivée de ce requin mangeur de bénéfices, c'était un bureau sympathique, où l'on parlait autant d'assurances que de pêche, de famille et de l'air du temps. En quelques jours, le nouveau directeur l'a transformé en laboratoire, dépersonnalisé, vidé de tous ses accessoires superflus. Personne n'y entre sans y être convoqué. Personne n'attrape de rhume, personne n'arrive en retard, personne ne téléphone à sa femme, ou à son garagiste, ou à sa belle-sœur. Il règne dans les bureaux de l'agence un murmure de travail, presque religieux.

Konrad Richter est dans l'engrenage d'une machine inhumaine qui s'apprête à le broyer, inexorablement. Deux ans plus tard, la machine a fait son travail. Deux ans c'est court, et c'est interminable à la fois.

Portrait de Konrad Richter, d'après les déclarations d'un employeur potentiel :

« C'est un homme sympathique. Licencié en droit, vingt ans d'expérience dans le métier de l'assurance. Travailleur, marié depuis vingt-deux ans, une femme charmante, un fils étudiant en architecture. Rien à dire sur sa vie privée. Quant à ses qualités professionnelles, je les dirais moyennes. Une bonne moyenne. Mais il a atteint la limite de son ambition. A mon avis, ce n'est pas un bagarreur. Il manque d'agressivité et ses méthodes de travail sont un peu démodées. Les postes à pourvoir exigent un profil différent. »

Konrad Richter a été licencié. Compression de personnel. Un jour, il a fait son petit bagage, sans mot dire, et a quitté l'agence où il était sous-directeur depuis dix ans. A cinquante-huit ans bientôt, il cherche du travail avec angoisse. Cette fois-ci, il avait de l'espoir. Le patron de la compagnie où il offrait ses services était président de l'association des anciens élèves de son école. Même génération. Après six mois de chômage, c'était enfin une lumière dans la noire dépression qui le gagnait.

« Désolé, mon vieux. Réflexion faite, on nous envoie un type de Munich... La décision ne m'appartient plus.

— Vous connaissez Hermann Stern ?

— Votre ancien patron ? Pas plus que ça.

— Il fait partie de notre association d'anciens élèves.

— En effet, pourquoi ?

— C'est lui qui me ferme les portes, y compris la vôtre.

— Mais pas du tout ! Je vous assure, Richter, que ce n'est pas le cas. Ne tombez pas dans l'aigreur.

— Aigre ? Moi ? Et comment voulez-vous que j'avale ça sans aigreur ? Ce type a commencé par réduire mon salaire, me piquer mon bureau, m'enlever des responsabilités, pour finir par me licencier au bout d'un an ! J'ai des dettes partout, ma femme compte sou après sou, mon fils est veilleur de nuit et étudiant le jour, parce que je suis incapable de lui fournir une pension depuis un an. J'ai six mois de loyer en retard et j'hésite à me servir de ma voiture pour faire des économies. Je cherche du travail à pied depuis un an, j'ai fait toutes les boîtes de la ville, enfin je tombe sur vous, président de notre association, et comme par hasard, après m'avoir donné de l'espoir pendant quarante-huit heures, vous me lâchez !

— Encore une fois, Richter, la décision ne m'appartient pas !

— Vous vous êtes fait avoir par ce type ! Vous l'avez écouté au lieu de me faire confiance ! D'ailleurs, je m'en doutais. C'est le barrage.

Inutile d'insister, on me fermera la porte au nez partout. C'est foutu pour moi. Où que j'aille, il vous suffira d'un coup de fil pour me rayer des listes ! »

Konrad Richter est parti, sans claquer la porte, sans hurler, il n'en a plus la force. Peut-être ne l'a-t-il jamais eue. Il ignorait sans doute son état de mouton parmi les loups. Il n'avait pas vu le temps passer, les mœurs évoluer, les méthodes se transformer. Il croyait à la quiétude d'une fin de carrière honorable et sans histoires. Un jour, croyait-il, lui aussi s'en irait à la pêche, après un apéritif d'adieu et un gentil cadeau du personnel.

Au lieu de cela, il en est réduit à faire vivre sa famille d'expédients. Quelques petits travaux de remplacement de-ci, de-là ne suffisent pas à combler les trous d'un budget réduit pourtant au minimum.

Et le grand jour arrive. Le mauvais jour. Une semaine après sa dernière déception, Konrad Richter ouvre la porte de son pavillon à un huissier. Il est onze heures du matin, en plein mois d'août. L'huissier est un huissier. Il a l'habitude du désespoir des autres, il n'en tient plus compte. Sinon comment ferait-il son métier ?

« Je suis navré, monsieur, vous n'avez pas répondu à la dernière sommation du propriétaire. Les frais de retard augmentant, je suis contraint de saisir votre mobilier.

— Ne faites pas ça, je vous en prie... »

Konrad Richter est si blanc. Son visage jadis rond et sympathique s'est creusé de rides tristes. Il paraît sans force, d'une voix faible il tente de dissuader l'huissier. Mais il n'y a rien à faire. Plus rien. Il connaît le droit par cœur. Les camions de déménagement sont devant la porte. L'huissier examine déjà le salon en marmonnant :

« Soyez raisonnable, monsieur Richter. C'est

une mesure conservatoire. Si tout s'arrange pour vous, vos meubles ne seront peut-être pas vendus... »

Konrad Richter se lève et dit :

« Excusez-moi, je vais boire un verre d'eau. »

Dans la salle 21 de la cour d'assises de Francfort, l'huissier raconte le dernier acte :

« Il est sorti du salon en disant qu'il allait boire un verre d'eau. Sa femme se trouvait à ce moment debout dans la salle de bain. J'ai entendu un premier coup de feu, et le temps de traverser le couloir je l'ai vue s'effondrer. Elle a dû mourir sur le coup, il avait tiré de face, dans le visage. Il s'est ensuite précipité dans une chambre, et quelques secondes plus tard j'ai entendu deux autres coups de feu. Je l'ai vu s'enfuir, je n'ai rien pu faire qu'appeler la police. Il avait tué son fils. Les voisins m'ont dit que le jeune homme était couché depuis quelques jours, malade. Il est mort sur le coup lui aussi. »

Konrad Richter, deux ans après ce double assassinat, est dans le box des accusés. C'est un petit homme maigre, pâle, au regard égaré. Ses mains sont agitées de tremblements nerveux. Ses jambes ne cessent de bouger, par petites saccades. Il semble ne se souvenir de rien. Incapable de prononcer une phrase correcte, il ne répond même pas à la question du président :

« Pourquoi aviez-vous mis le pistolet dans votre poche, justement ce matin-là ? Vous saviez que l'huissier allait venir ? »

Konrad Richter bafouille quelque chose d'incompréhensible.

« Qu'avez-vous fait ensuite ? Vous vous êtes enfui, et qu'avez-vous fait ? »

La terreur habite cet homme. Il voudrait parler,

il ne peut pas. Par moments, il éclate en sanglots silencieux et il faut interrompre l'audience.

Il s'est enfui avec son arme, après avoir tué sa femme et son fils; il est allé jusqu'à la gare, prendre le train de Göttingen, pour se rendre dans les bureaux du président de l'association des anciens élèves de droit. Il en avait été exclu, selon lui, à la demande de son dernier patron Hermann Stern.

Le président avait quitté son bureau, heureusement pour lui. Konrad Richter l'aurait tué. Au lieu de cela, il est ressorti de l'immeuble, s'est arrêté sur les marches et a rassemblé ses dernières forces pour se suicider. Une première balle l'a atteint à la tête. La deuxième s'est perdue. Et il n'est pas mort. Un long sillon blanc, sur le côté droit du visage, montre deux ans plus tard la trace de ce suicide manqué d'un millimètre.

Il est condamné, avec les circonstances atténuantes, à sept ans de prison. Le jury a retenu l'argumentation du psychiatre:

« Cet homme a tué sous l'empire d'une émotion violente et incontrôlable. »

Et un journaliste conclut le reportage sur l'affaire Richter par ces lignes:

« Certains grands assassins sont invisibles et injugeables. Notre société moderne les fabrique le plus légalement du monde. Le petit assassin Richter ne pouvait pas lutter contre eux. »

Une conclusion qui va trop loin, peut-être, puisqu'il nous faut admettre qu'on ne tue pas sans se servir de ses mains ou d'une arme, selon les lois qui nous régissent.

ENNEMIS INTIMES

Au début, c'était Clochemerle. Un petit village charmant, avec église, boulangerie et café-épicerie, une rue principale, la seule, et, au bout de cette rue, les deux dernières maisons du village. Comme par hasard les deux dernières, suffisamment à l'écart pour que le bruit des querelles n'empêche pas les autres de dormir.

Car des querelles, il y en avait entre les Bizeux et les Carret. Il y en avait toujours eu, du plus loin que la mémoire collective et villageoise puisse remonter! L'origine de ces querelles se perdait dans la nuit des temps. Qui avait commencé et pourquoi? Cela n'avait plus d'importance. Les Bizeux faisaient la grimace aux Carret, lesquels tiraient la langue aux Bizeux.

Hélas! depuis la guerre, celle de 14, les Bizeux comme les Carret avaient perdu des effectifs. Les troupes s'amenuisant, les escarmouches se faisaient plus rares. La dernière dont le village se rappelait avait eu lieu en 42, pendant l'hiver. Il restait encore un grand-père Bizeux d'un côté et un grand-père Carret de l'autre. Les fils étaient au front, occupés ailleurs.

Par-dessus la haie, les deux irréductibles vieux Gaulois se lançaient des regards noirs et soupçonneux depuis des semaines. Jugez plutôt : un tas de bois chez lez Bizeux, un tas de bois chez les Carret. Or, depuis quelque temps, le grand-père Carret constate avec rage que les bûches disparaissent, les siennes. Il se poste à un endroit stratégique, à la nuit tombée, et que voit-il ? Le grand-père Bizeux, le dos courbé, sur la pointe des chaussures, glissant comme un chat, le long de son tas de bois. Et hop ! une bûche... Et pfuitt... le voleur disparaît chez lui.

Rage, rage du vieux Carret, imaginant ce traître de Bizeux jetant SA bûche dans le poêle à bois et se chauffant le bas du dos en ricanant de joie.

Donc, le vieux Carret décide de passer à la contre-offensive. Idée géniale : il prend une bûche, la perce de quelques trous, trois ou quatre, vide à l'intérieur de la poudre de chasse et referme soigneusement les trous avec des chevilles de bois, amoureusement taillées et invisibles.

Le lendemain vers onze heures du soir, une formidable explosion réveille le village ! Le poêle des Bizeux venait d'exploser en un magnifique feu d'artifice, la cheminée volait en rase-mottes et le feu aurait dévoré la maison et grillé tous les Bizeux, s'il n'avait fait, d'une part, un temps de cochon et si, d'autre part, ricanant à leur tour, les Carret n'avaient joué les pompiers bénévoles.

Tel est pris qui croyait prendre, et le voleur de bûches, ne pouvant s'avouer voleur, dut avaler sa rancœur et l'on entra dans la guerre froide.

1945, il ne rentre aux foyers ni Bizeux ni Carret. Morts pour la France.

1950, 1955, 1960, les deux maisons ennemies se vident et il ne reste de chaque côté de la haie que deux personnages. Une Bizeux et un Carret. Elle, c'est une sœur Bizeux ou une tante Bizeux, elle a soixante-douze ans, elle est maigre, grande, vieille fille, et appelle son chat du soir au matin d'une voix aiguë et grelottante. Lui, c'est le dernier des Carret, veuf, soixante-quinze ans, petit et rondouillard, le verre facile, bricoleur et menant son chien à coups de savate. Retraités, les deux ennemis continuent de se lorgner en chien de faïence, grognant de temps à autre après un pommier qui dépasse ou le bruit d'une scie à métaux. Elle lui vole des pommes, il se venge en transformant sa grange en atelier de ferrailleur, juste sous ses fenêtres.

Rien de méchant, en somme, une fin de haine qui eut de la race et de la couleur, les restes d'une foudre de guerre qui s'étiole en petit feu, courant sous la cendre. Deux bons vieux retraités normaux, en somme.

Erreur... Car il y eut un soir de pleine lune...

Ce n'est plus Clochemerle. Ce n'est plus drôle du tout, cette vieille femme qui tremble sur ses jambes et s'égosille à en perdre le souffle...

« Tu l'as tué ! Maudit assassin ! Tu l'as tué ! Je t'ai vu ! »

Le corps du délit est devant la porte, absolument pas mort mais passablement éborgné. Il a dû se passer la chose la plus simple du monde : le chien Carret, teigneux et chasseur de métier, a coursé le chat Bizeux. Ce n'est sûrement pas la première fois, mais c'est une fois de trop.

La pauvre femme n'en peut plus d'angoisse, ce qu'elle craignait depuis des années est arrivé. C'est le vieux Carret qu'elle traite de maudit assassin, autant que son chien... Et la voilà partie, son chat dans les bras, ameuter le village et réveiller le vétérinaire. Le chat restera borgne.

Un mauvais coup de croc lui a arraché l'œil droit.

Sa maîtresse porte plainte, exige des dommages et intérêts, le remboursement des frais, toute chose impossible en ce village et entre ennemis héréditaires. Le vieux Carret refuse tout net de rembourser l'œil du chat. La maréchaussée lui enjoint fermement d'attacher son chien, sous peine d'amende pour vagabondage et menace de fourrière. Il l'attache donc. Mais au bout d'une chaîne si longue que le nez du fauve vient renifler aux limites du jardin ennemi.

C'est au bout de sa chaîne que le pauvre animal mourra empoisonné, par de la mort-aux-rats.

Le père Carret écume de rage devant le portillon de sa voisine :

« C'est bien du Bizeux, ça ! Tous des traîtres. Toujours des coups en douce, espèce de lâche ! Vieille lâche ! Tu l'emporteras pas au paradis ! Je vais prévenir qui de droit ! »

Hélas ! qui de droit, c'est la S.P.A. locale, représentée à la fois par la vieille Bizeux, son ennemie, et le vétérinaire du coin. Le père Carret s'en va donc voir les gendarmes, M. le maire, mais n'obtient rien. Le village en a assez des querelles Bizeux-Carret. La mort-aux-rats, il en traîne un peu partout ! Le chien aura avalé un rat mort, déjà empoisonné ! S'il le nourrissait convenablement, ça n'arriverait pas !

Le père Carret rentre chez lui un soir de pleine lune, décroche son fusil, et le retraité rondouillard se transforme en fou furieux, le guérillero de campagne se prend pour le justicier du monde.

Toute l'affaire un peu ridicule entre chien et chat n'aura duré que deux semaines. Cette nuit-là suffira pour une lamentable histoire d'hommes.

Il fallait sûrement un public au père Carret, sinon il n'aurait pas tiré en l'air d'abord. A moins qu'il ait voulu indiquer par là un coup de semonce.

Le plus extraordinaire, dans l'histoire, est que la Bizeux a surgi de chez elle, affolée, au lieu de rester prudemment enfermée. Après tout, l'attaquant espérait peut-être cette réaction. Il connaissait mieux que quiconque son ennemie intime. Il savait ce qu'elle mangeait, connaissait les jours de lessive, les jours de ménage, ceux des conserves. Il aurait pu dire avec exactitude combien de salades poussaient dans son jardin et la couleur de ses roses, aussi bien que celle de son linge. Ces deux-là vivaient presque comme un vieux couple qui s'observe, et la haine leur servait d'amour.

Donc la Bizeux est sortie de chez elle, affolée, tandis que quelques têtes apparaissaient aux fenêtres voisines. Presque aussitôt, Carret a hurlé une menace du genre: «Rentre chez toi ou je t'envoie du plomb quelque part.» Curieux comportement. Voulait-il vraiment tirer? Voulait-il seulement faire peur? Ou bien criait-il n'importe quoi? Il reste qu'en vieux chasseur expérimenté il a épaulé rapidement et tiré sur sa voisine, exactement comme il l'aurait fait pour un canard sauvage.

Il y eut alors un drôle de silence. Un témoin a vu la silhouette de la victime, en robe de chambre, tournoyer lentement et battre l'air de ses longs bras avant de s'effondrer derrière la haie. Cette haie d'épineux qui servait de frontière entre les deux jardins depuis si longtemps.

Ce même témoin a donné l'alerte en téléphonant aux gendarmes. Mais, lorsque la voiture est arrivée, le père Carret était rentré chez lui toute lumière éteinte et volets fermés. Il avait certainement eu le temps de constater la mort de son ennemie, car, à la première injonction des gendarmes, il a hurlé derrière ses volets :

« Enterrez-la comme un chien, c'est tout ce qu'elle mérite ! »

La lune éclairait parfaitement les lieux. Deux hommes en uniforme, penchés sur le corps de la vieille femme, représentaient pour Carret des cibles parfaites. Et cette fois il a tiré sans sommations, blessant un gendarme à l'épaule. En rampant derrière la haie, les deux hommes réussirent péniblement à regagner leur voiture.

L'affaire prenait des proportions jamais vues dans le village. Ce forcené de soixante-seize ans, enfermé chez lui, avec des munitions et de quoi se nourrir longtemps, peut tenir en échec une petite armée. Surtout le père Carret. On sait qu'il fabrique ses cartouches de chasse, on sait qu'il a au moins deux fusils, sans compter ceux qu'il a pu dissimuler après la guerre. On sait qu'il accumule les provisions, par goût, par peur de manquer, par gourmandise. On sait aussi qu'il est malin, entêté et que les tentatives de dialogue ne mèneront à rien.

La première des choses à faire, c'est un repli stratégique. Ensuite, pour ne plus être pris pour cible, les gendarmes installent un gros projecteur qui illumine la maison afin d'éblouir le tireur.

La réaction de l'assiégé ne se fait pas attendre, il tire au hasard sur le projecteur et réussit à l'atteindre. C'était malheureusement le seul de la brigade. Si la lune n'était pas si lumineuse, si les gendarmes avaient la moindre grenade lacrymogène... Mais dans ce petit pays ils n'ont pas l'habitude des révolutions. Et il faut réclamer du matériel à la ville la plus proche : plus de cinquante kilomètres. Cela prend du temps. Et pendant ce temps le chef de la brigade essaie de parlementer. Première tentative au téléphone. Le père Carret décroche et reconnaît la voix :

« Le diable t'emporte ! »

C'est sa formule habituelle.

« Soyez raisonnable, Augustin, sortez et venez vous expliquer. On ne vous fera pas de mal.

— Personne peut me faire du mal ! Et la victime c'est moi ! Faudrait pas l'oublier.

— Justement, venez vous expliquer.

— Tu me prends pour un imbécile ? Tu crois que je connais pas l'astuce ? Ça me rappelle les Allemands, tiens ! Sortez de là les mains en l'air, on vous fera pas de mal, qu'y disaient. Et le premier qu'est sorti, pan ! une rafale. Moi je suis pas sorti, pas fou.

— Vous n'allez pas rester là toute votre vie, quand même !

— Je suis chez moi ! Je suis libre. T'as qu'à ficher le camp, salopard ! Et n'essaie plus de me parler.

— Augustin, soyez raisonnable ! Il faut qu'on parle !

— Tiens, regarde ce qu'il en fait, Augustin, de ton bon Dieu de téléphone. »

Il tire dans l'appareil à bout portant... et le chef de la brigade n'entend plus qu'un « bip bip » ridicule.

A deux heures du matin, le corps de la pauvre vieille Bizeux est toujours derrière la haie, inaccessible, car le forcené tire sur tout ce qui approche. Il voit clair, la lune est toujours complice.

Enfin les renforts arrivent de la ville. Trois hommes, en tenue d'assaut et gilet pare-balles. Avec rapidité ils étudient le terrain. Il faut faire vite et profiter de la nuit, malgré la lune. En plein jour, l'assaut serait plus difficile. Les curieux doivent rentrer chez eux, personne dans la rue. Un écran de fumée, deux hommes bondissent dans le jardin, un autre fait le tour de la maison. Pour affoler l'assiégé, on tire à blanc tout autour de lui, le temps pour l'un des assaillants de briser une fenêtre, d'enfiler un masque à gaz et de progresser à coups de grenades lacrymogènes.

Réfugié dans son grenier, pleurant et toussant, l'irréductible arrivera tout de même à blesser grièvement l'un des hommes avant d'être ceinturé.

Au lendemain de cette nuit terrible, les murs de sa maison, noircis de fumée, sont les seuls vestiges de l'assaut. Il n'y a plus de Bizeux dans la maison voisine. Il reste encore un Carret, mais il est en prison et il pleure. Il jure qu'il ne savait pas ce qu'il faisait, mais selon les gendarmes il ment. A l'intérieur de chez lui, il avait disposé trois fusils derrière les volets, avec des munitions, et il avait dans la poche de son pantalon un vieux pistolet Mauser à canon long. Les balles se trouvaient dans la poche de sa chemise.

Pourtant, il pleure. Il ne trouve rien d'autre à répondre, que pleurer et affirmer qu'il est devenu fou.

Après une partie de la journée en prison, en attendant son transfert en ville, il réclame tout à coup d'une voix blanche un verre de rhum. Son gardien hausse les épaules.

« Un verre de rhum ? Et puis quoi encore ? Tu te crois au bistrot ?
— Je me sens mal.
— Eh ben, couche-toi. »

Le dernier des Carret s'est couché par terre et il est mort d'une crise cardiaque, sans bruit, dans le dos de son gardien qui faisait des mots croisés.

Ainsi finit la guerre entre Bizeux et Carret, après une nuit de pleine lune. Et les deux ennemis furent enterrés dans le même cimetière, ironie du sort, une seule allée de gravier les sépare.

UN MAILLON DE LA VENGEANCE

La voix de l'avocat, profonde et passionnée, emplit la salle du tribunal, comme une musique.

« Si les hommes naissaient directement de la terre, messieurs, l'on pourrait dire que la terre fait germer le crime dans certains endroits et l'olivier en d'autres endroits. Mais les hommes naissent des hommes, c'est donc que le crime est dans l'homme, qu'il naît en lui, grandit avec lui et que notre terre de Calabre ne porte pas le germe de ce crime. Seule la coutume, elle aussi née de l'homme, veut que la vengeance se transmette au dernier survivant. C'est une règle, un dogme, une loi, chez nous. Puisque le désir de vengeance existe dans le cœur de l'homme, c'est à la société de le considérer comme naturel et d'en accepter les conséquences. Lutter contre cet instinct est de l'hypocrisie intellectuelle, et punir cet instinct est un encouragement à le perpétuer, car... messieurs, la justice que vous allez rendre n'est que le reflet d'une vengeance collective, contre un individu isolé, qui a troublé l'ordre public.

« Je vous vois, je vous observe un par un, jurés chargés de punir cet homme. Vous êtes de la même race que lui, nés sur la même terre, et si demain l'un d'entre vous tue la femme, le frère ou l'ami, vous agirez comme Francesco Acciardi. Vous vous armerez de vengeance, jusqu'au dernier survivant. C'est pourquoi, messieurs, je vous récuse moralement. Vous n'êtes pas en droit de juger un frère qui vous ressemble. Cela reviendrait à vous juger vous-mêmes. Et aucun jury en ce monde ne pourrait juger Francesco Acciardi sereinement. Car il faut avoir vécu la vie de cet homme pour comprendre ses actes. Il faut être né ici, sur la terre calabraise, et respirer l'air du pays pour reconnaître en lui un frère de sang. Alors notre terre, finalement, est peut-être responsable des crimes qui se déchaînent au-dessus d'elle. Cette terre maternelle qui accueille au profond de ses entrailles la dépouille de ses enfants morts, pour les rendre à la poussière éternelle.

« Jugez cet homme, condamnez-le et vous vous condamnerez vous-mêmes, vous condamnerez celui qu'il a tué, lequel avait tué lui même un autre qui avait tué avant lui. Et vous savez, messieurs, que vous faites partie de cette chaîne sans fin, dont Francesco Acciardi n'est qu'un maillon comme les autres ! »

Belle envolée du jeune avocat calabrais, en cette salle de tribunal vétuste de l'arrondissement d'Aprigliano.

Bouche bée sur leur banc, ces messieurs du jury approuvent, même s'ils n'ont pas compris toutes les subtilités du langage, les métaphores et autres approximations d'une morale bien de chez eux. C'est pourquoi ils ne condamneront Francesco Acciardi, leur frère de sang, qu'à seize ans de prison, et non à la peine de mort, pour le meurtre d'un fermier. Ce fermier a déshonoré sa sœur, et il ne l'a pas fait par amour, mais pour se venger d'un oncle de Francesco, qui avait déshonoré sa mère...

Ne remontons pas trop loin dans l'histoire de Francesco, que seule la mémoire calabraise peut enregistrer sans faille. Cette chaîne dont parlait l'avocat, il faut en saisir un maillon, à une époque donnée. Le maillon sera Francesco, condamné en 1919 à seize ans de prison, et dont la carrière vengeresse ne fait que commencer.

Francesco Acciardi a refusé d'être mobilisé en 1914 et s'est réfugié dans la forêt calabraise. En 1915, les carabiniers l'attrapent enfin et lui donnent le choix :

« Ou tu vas en prison, ou tu acceptes l'uniforme de l'armée italienne pour combattre l'ennemi au front. »

Francesco choisit le front, s'y bat, on le décore, on lui verse une pension et, lorsqu'il rentre au pays, dans la foulée de son héroïsme forcé, il venge l'honneur de sa sœur et se retrouve en prison pour seize ans. La peine est relativement faible pour la mort d'un homme. Mais Francesco ne l'accepte pas pour une question de principe. Il se dit innocent. Admettons, bien que la chose ne soit pas crédible. Mais suivons le raisonnement de Francesco : pour affirmer cette innocence, il avait un alibi :

« A l'heure du crime, j'étais chez ma fiancée, Ida Celestina ! »

Hélas ! Ida Celestina nie la présence de Francesco et n'apparaît même pas à l'audience. Comment le pourrait-elle sans jeter son honneur aux orties ? Que Francesco ait risqué la peine de mort ne vaut pas l'honneur d'une jeune fille, en Calabre !

1929. Après dix ans de méditation rageuse, Francesco est libéré sur remise de peine. Mais, depuis dix ans, il n'a qu'une idée en tête : se venger de sa fiancée, Ida, qui a refusé de lui fournir un alibi. Pour se venger d'une femme, point de crime, de la nuance : il faut qu'une femme traîtresse continue de vivre, marquée par la vengeance de l'homme qu'elle a trahi. Qu'elle porte cette marque au regard de tous, afin que nul n'en ignore.

En 1929, donc, Francesco choisit soigneusement les plombs qu'il bourre dans sa carabine de chasse. Ida s'en va au marché, au bourg, une fois par semaine. Il la guette sur la route, à la sortie du village, et tire en plein visage. Devant les juges à nouveau, il affirme :

« Je voulais seulement la rendre aveugle ! Pas la tuer. »

Ida n'est pas aveugle, mais légèrement blessée. Mais toute sa vie elle portera les cicatrices de cette grêlée de plombs et Francesco s'en estime satisfait. Les juges estimeront cette vengeance à un juste prix : huit mois de prison.

C'est donc aux environs de Noël 1930 que Francesco ressort de prison. Il a trente-six ans, il est temps de faire sa vie autrement qu'entre deux cellules. Il est temps de reprendre les terres familiales, d'épouser une pure jeune fille, du nom d'Emilia, et d'oublier le passé.

Las... quelqu'un n'a pas oublié ce passé. Au cabaret où Francesco va boire comme un homme, parmi les hommes, le dimanche soir, une discussion s'élève. Face à face, les partisans de Francesco et les partisans de son ex-fiancée. La querelle n'est pas close.

Francesco a marqué Ida de sa vengeance pour trahison. Mais en affirmant qu'il était avec elle, ce jour-là, il la déshonorait! Donc il mérite punition à son tour.

La bagarre se déclenche, mais le temps a passé, la police et les juges admettent de moins en moins ces orgies de vengeance, et notamment le nouvel arrivé, le juge de l'arrondissement, un Italien pure souche, venu du Nord. Il déteste tous ces hommes pourvus chacun d'un casier judiciaire comme un certificat de baptême.

La bagarre à peine commencée, les carabiniers y mettent un terme. Verdict du juge: deux ans de camp de travail pour tout le monde! Y compris Francesco! Mais où est Francesco? Il s'est enfui, comme jadis en 1914. Il est allé chercher sa femme et tous deux ont pris le maquis dans les bois. Ils campent, volent leur nourriture, rançonnent les paysans, boivent l'eau des sources et s'aiment. La vie privée des criminels n'est pas exempte d'amour.

La preuve en est que la jeune épousée est enceinte. Et, maquis ou pas, Emilia doit prévenir sa mère, l'enfant doit naître à la fin de l'été.

Les carabiniers, semble-t-il renseignés, n'attendaient que cela, la cachette des fuyards est découverte. Un bataillon entier se répand dans les bois à la tombée du jour, le 23 juillet 1932. Francesco et Emilia sont cernés. Fatiguée par une course épuisante, alors qu'elle est à un mois de mettre son enfant au monde, Emilia se couche dans un fourré. Elle a froid, elle tremble de fatigue et de peur. Francesco retire sa veste et tendrement recouvre le corps de sa jeune femme pour la réchauffer.

«Ne bouge pas. Repose-toi. Je vais les attirer ailleurs. Je courrai toute la nuit, ils me suivront et, au matin, quand tu seras reposée, tu iras te cacher chez ta mère. Que Dieu vous protège toi et mon fils. »

C'est un moment important dans la vie de Francesco, l'éternel fuyard. Un moment dramatique. La charnière de sa vie.

« Si je suis tué, que mon fils me venge, car je serai mort pour lui ! »

Francesco ne doute pas qu'il aura un fils ! Un dernier baiser à la mère et il s'enfuit dans les bois, vers un destin qu'il ne contrôle malheureusement plus.

Tout le village s'est raconté l'histoire et la fin tragique de cette chasse à l'homme. Francesco a couru, pensant entraîner les carabiniers à ses trousses, sauver sa femme et son fils. Mais dans la nuit, à la lueur des lampes-torches, les policiers n'ont vu que sa veste, recouvrant un corps dans les buissons. Les balles des carabiniers ont transpercé cette veste. Emilia est morte, l'enfant qu'elle portait est mort.

De sa cachette, au-dessus du village, Francesco, figé de haine, a vu la civière que les carabiniers ont déposée devant la mère d'Emilia. Il a entendu les hurlements de la vieille femme et les plaintes des pleureuses sous le ciel torride. Il a pleuré, seul, jusqu'au soir, et ruminé sa vengeance.

D'instinct, il a décidé qui les avait trahis. Qui avait guidé les carabiniers jusqu'à leur refuge. Les donneurs, ce sont Ida, l'ancienne fiancée, et son clan. Celle qu'il a marquée à vie pour trahison a trahi de nouveau.

A la tombée du jour, Francesco gagne le village, alors qu'on le croit en fuite et ignorant le drame. Il parvient jusqu'à la maison de ses ennemis. Par les volets entrebâillés sur la tiédeur de la nuit, Francesco regarde les traîtres : Ida et son visage enlaidi de cicatrices, son père, sa mère, la bonne et un cousin. Les hommes boivent du vin, les femmes parlent. Ida parle plus fort que sa mère. Elle dit :

« Ils l'attraperont ! Il ne pourra pas se venger, d'ailleurs les soldats nous protègent. »

Francesco scrute la nuit et aperçoit les deux silhouettes en armes. La maison de ses ennemis est effectivement protégée par deux hommes de troupe. C'est donc qu'ils ont bien trahi.

Alors Francesco ajuste son arme. La carabine d'abord. En quelques secondes, il déclenche un carnage. Ida, son père, sa mère, la bonne et le cousin tombent sous les balles, meurent dans le sang et l'odeur de poudre.

Avant de s'enfuir, Francesco utilise le revolver coincé dans sa ceinture et abat les deux soldats qui foncent sur lui.

Et c'est à nouveau le maquis, les bois, la faim, la traque permanente ; aidé par certains, guetté par d'autres, Francesco dort dans les arbres ou dans un creux de terre recouvert d'un rocher.

Et, au bout de quelques mois, il a la certitude d'un nom. Le nom de celui qui l'a dénoncé aux carabiniers. Car le carnage ne lui a pas suffi. Abattre le clan ennemi est une chose. Connaître le nom du traître en est une autre. Un ami l'a renseigné :

« Celui que tu cherches, c'est Guido. Il devait épouser Ida avant que tu la marques. Quant tu es venu au village, il n'était pas là. Les carabiniers l'ont mis en prison, mais c'est une feinte. C'est pour le protéger. Ils ont peur que tu le tues. Il le relâcheront dès qu'ils t'auront jugé, le gardien me l'a dit ! »

Francesco décide alors de se rendre. Pour

atteindre Guido en prison, il doit y aller lui-même!

Sans arme et la tête haute, Francesco Acciardi se rend à ses juges :

« Je suis venu de moi-même. Je refuse les menottes, je suis un homme libre, je veux être jugé librement ! »

Ce qu'il espère, les carabiniers s'en doutent, le juge s'en doute. Il espère atteindre Guido dans sa cellule, c'est pour cela qu'il veut garder les mains libres. Sa misérable astuce ne fonctionnera pas. L'indicateur est libéré et Francesco devra ronger son frein, condamné à vie pour l'assassinat prémédité d'une famille entière.

De 1932 à 1944, Francesco tourne en rond dans une cellule minuscule, sans contact avec l'extérieur, visites interdites. La guerre est au-delà des murs, les avions au-dessus, c'est une bombe qui va le libérer. Dans un fracas de poussière et les cris des prisonniers, les murs de la vieille prison s'effondrent, ouvrant d'énormes brèches, et Francesco, avec d'autres, s'enfuit dans la campagne.

Il tente de gagner le nord du pays et se fait prendre, comble de malchance, par les Allemands. Le voilà dans un camp de concentration, ahuri, découvrant d'un seul coup la triste épopée mussolinienne et le désastre italien. Libéré à la fin de la guerre, de retour dans son village, il croit à l'oubli. Mais d'autres n'ont pas oublié. La guerre n'a pas effacé les vieilles querelles tribales. Francesco n'est qu'un évadé, en somme, il n'a pas fini de payer ses crimes. A nouveau dénoncé, il retourne en prison en 1945. C'est une autre prison, une autre cellule, d'autres gardiens, mais l'histoire continue malgré les changements de décor. Un détenu reconnaît Francesco à la promenade dans la cour.

« C'est toi qui cherchais un certain Guido ?
— Je le cherche toujours.
— N'y pense plus, c'est moi qui l'ai eu. Ce salaud a dénoncé mon frère pour une histoire de contrebande. Il a gardé mon couteau dans le dos, il est mort avec. J'en ai pris pour dix ans. »

Paix dans les cellules, pour les hommes de bonne volonté. Francesco Acciardi vivra cette paix forcée plus de vingt ans encore. Durant ces vingt années, il a reçu régulièrement les visites d'une femme, une fois par mois, et des lettres chaque semaine. Elle s'appelle Emilia Schiaro, elle est la sœur de l'homme qui a vengé Francesco.

Le jour de sa grâce, elle l'attend devant la porte. Elle a cinquante-quatre ans, il en a soixante-treize. Ils se marient, et ils retournent ensemble au village d'Aprigliano, vivre sur la terre ancestrale des Acciardi. Dans ce village où l'on n'a pas oublié les morts, et où la chaîne infernale de la vengeance n'est jamais bouclée, tant qu'il reste un héritier vivant de cette vengeance.

Apparemment, les héritiers dormaient dans les entrailles de la terre de Calabre, puisque Francesco Acciardi a vécu sereinement le dernier temps de sa vie assis sur un banc, au soleil, racontant sagement aux petits enfants et à quelques journalistes la longue histoire de ses crimes.

LA MAISON DES DEUX PONTS

C'EST un arrachement: l'affiche blanche, couverte de lettres noires, punaisée sur la porte. Tous ces gens venus voir en curieux la vente de la «maison des deux ponts». Une grande bâtisse, splendide, lourde, un restant de ferme fortifiée, avec un moulin, une tour ronde, un puits, des greniers, des caves et même un souterrain qui ne mène plus nulle part.

Et les deux ponts sur la rivière, le seul accès à la maison, l'un pour les piétons, l'autre pour les charrettes, les tracteurs, les voitures. L'un fragile, étroit, aux rambardes moussues; l'autre large et solide, bien assis sur des arcs de pierre.

Tout cela vaut des millions, dit-on. Mais des millions pour qui? Le notaire l'a dit, une vente aux enchères dans ces conditions paiera tout juste les créanciers.

Volets clos, rouges des guirlandes de vigne vierge, la maison des deux ponts est vendue au plus offrant, et l'on murmure alentour des histoires de «combine», de prix fixé d'avance, de limite aux enchères. Celui qui achètera, dit-on, le notaire le connaît déjà. Une vieille paysanne, jadis employée sur ces terres immenses, grommelle:

« Tout ça, c'est truquage et compagnie. »

Vraie ou fausse, l'histoire de cette faillite est si compliquée, si longue, tant de dossiers, d'huissiers, de banques et de reconnaissances de dettes en dix ans.

Un créancier, venu s'assurer qu'il ne serait pas oublié dans les comptes, assure :

« Une vache n'y retrouverait pas ses veaux. »

Eux ne sont pas là. Eux, les faillis, les honteux, les misérables d'aujourd'hui, se sont réfugiés au bourg, dans les derniers murs qui leur restent. Une petite maison sans confort, triste, héritage oublié, qui échappera au désastre. Ils se prénomment Yves et Rose, avec un nom à rallonge. Ancienne noblesse paysanne, vendéenne et farouche. Ils avaient cru tenir, ils n'ont pas su. Comment repartir à zéro à cinquante ans ? Comment effacer les habitudes de liberté, de propriété ? Comment vivre désormais sans le refuge des grands murs, la certitude d'un passé de plusieurs générations ?

Yves, ce matin de 1970, dit à sa femme Rose :

« Je vais faire un tour, j'ai besoin de prendre l'air. »

Rose lui trouve un drôle d'air, les yeux creusés, un peu fixes. Mais ce jour est un jour si difficile à vivre. Elle répond :

« Je vais laver du linge, pour m'occuper. »

Il s'en va, il quitte doucement cette maison étrangère, où ils sont arrivés la veille avec quelques valises et des cartons.

Rose essaie de ne pas penser au chagrin, d'oublier les meubles vendus, la vaisselle emportée et se met à l'ouvrage, comme un automate.

Yves D., cinquante-quatre ans, ancien propriétaire de la maison des deux ponts, dernier représentant d'une famille ancienne et profondément catholique, a décidé de finir ses jours sur la terre de ses ancêtres.

Il a marché jusqu'à la station des cars, on l'a vu prendre un billet, le contrôleur est la dernière personne à l'avoir vu vivant. Pour gagner le petit bois derrière la maison des deux ponts, il a dû marcher à travers champs et se dissimuler aux regards. Un garde forestier l'a découvert deux jours plus tard. Pendu à une branche de marronnier.

Ainsi que le précise le rapport de gendarmerie : « Le désespéré s'est rendu sur son ancienne propriété, avec la volonté délibérée de mettre fin à ses jours. Il a atteint la branche la plus basse d'un arbre, en grimpant par ses propres moyens le long du tronc, il a attaché une corde à la branche, puis sa ceinture à la corde. Il a passé la ceinture autour de son cou et s'est jeté dans le vide, à plus de trois mètres du sol. La victime n'a laissé aucune lettre, et le contenu de ses poches, détaillé par ailleurs, ne présentait rien de particulier. Les égratignures relevées sur les jambes indiquent probablement les efforts réalisés avant la mort pour atteindre la branche voulue. La mort a été quasi immédiate. Interrogée sur les motifs de ce suicide, l'épouse du défunt, Rose D., cinquante-deux ans, nous a déclaré que ce dernier avait voulu manifester par ce geste son désaccord sur les méthodes employées selon lui pour le perdre et l'amener à la faillite. Selon certains témoins, le défunt était par ailleurs déprimé depuis plusieurs mois, en raison de sa situation financière dont il nous a été confirmé qu'il en était entièrement responsable. »

Comme c'est simple un rapport de gendarmerie, sec, objectif. Yves D. sera enterré sous les regards curieux des gens du bourg, sans cérémonie, un enterrement de pauvre, avec une bénédiction rapide de l'Église qui n'aime pas les défaitistes. Pour que cet homme, croyant, se soit suicidé, contrevenant ainsi aux lois de cette croyance, il avait, dira le prêtre, « perdu l'esprit dans le malheur qui l'accablait ».

Rose, sa veuve, a les yeux secs. Chacun le remarque, son visage s'est durci. Sur cette femme déjà dure, aux traits marqués et volontaires, le chagrin a posé un masque de pierre.

Que dit la rumeur publique à leur sujet ?

« Elle est bien trop orgueilleuse. Et lui, c'était un sauvage. Avec leurs grands airs, ils ont voulu s'en tirer tout seuls, ça les a pas empêchés d'emprunter aux banques et de se couvrir d'hypothèques. Quand il a voulu faire de la vigne, il a vu bien trop grand, et tout cet argent qui filait, tout ça pour refaire des murs et des mètres carrés de toiture et planter des arbres, et la serre ? Ils avaient pas besoin de ça pour vivre ! Ils auraient vendu la moitié des terres et loué les bâtiments à des fermiers, ils en seraient pas arrivés là. Tout ça, c'était prétentieux et compagnie. »

Rose n'a pas les moyens de commander une pierre convenable pour la tombe de son époux. Chaque jour elle se rend sur le rectangle de terre où repose une croix. Son chagrin silencieux dérange. Au bourg, elle ne parle à personne, se montre à peine chez l'épicier où elle achète peu. Cette grande dame aux cheveux gris, habillée de noir, est un reproche vivant pour les autres. Nul n'est responsable de son malheur, pourtant, mais c'est ainsi. Certains pensent qu'elle ferait mieux de partir, d'aller vivre ailleurs. Le notaire lui a même envoyé un acquéreur éventuel pour la petite maison qu'elle occupe près de l'église. Il pensait bien faire. Mais Rose a dit :

« Je n'ai plus rien à vendre, allez-vous-en. »

Elle a refermé sa porte avec méchanceté.

Cette femme est inquiétante. Elle attend. Mais quoi ? Elle ne cherche pas à travailler, or elle n'a plus d'argent, pis, elle est incapable de payer les frais de justice restés à sa charge et que la vente de la maison des deux ponts n'a pu éponger en totalité. La somme est pourtant minime, quelque 300 000 francs anciens. On saura plus tard qu'elle a vendu pour cela son alliance et deux bijoux en or, deux pauvres bijoux, rescapés du désastre, une chaîne en or et le crucifix qu'elle portait au cou.

Un jour, ce qu'elle attendait s'est produit. Personne ne l'avait deviné ou supposé. Rose D. une criminelle ? Capable de commettre un meurtre avec préméditation ? Une femme que l'on voyait toujours à l'église, première arrivée, priant seule, avant la messe ?

C'était en 1971, presque un an après la vente de ses biens et le suicide de son mari. C'était un soir d'été, un témoin l'a vue sur la route, seule, elle marchait, portant un panier recouvert d'un torchon et un grand châle. Deux jours plus tard, le matin vers onze heures, des voisins l'ont vue rentrer chez elle avec son panier et son châle. Que s'était-il passé entre-temps ?

Elle l'a raconté sans difficulté aux gendarmes, puis au tribunal, comme une chose normale, naturelle. Une monstruosité, pourtant.

L'accusée, vêtue de noir, maigre comme un diable, grise de peau et de cheveux, répond sans émotion au juge qui l'interroge :

« Je suis partie de chez moi à huit heures du

soir. J'avais préparé un en-cas dans mon panier. Du fromage, du pain, une Thermos de café et des cigarettes. J'avais aussi une lampe de poche.

— Vous emportiez l'arme avec vous ?

— Oui. Je l'avais graissée et enveloppée dans mon châle, les cartouches étaient dans ma poche. J'en avais douze.

— Votre intention était de tuer, vous le reconnaissez donc ?

— Oui.

— Comment avez-vous pénétré dans les lieux ?

— Cette maison m'appartient, j'en connais toutes les issues.

— Cette maison ne vous appartient plus. Et vous saviez que le nouveau propriétaire allait s'y installer ! Comment l'avez-vous appris ?

— Il suffisait d'écouter parler les gens.

— Donc vous pénétrez dans la maison, comment ?

— Par un soupirail de la cave.

— Quelle heure était-il ?

— Dix heures du soir, je crois.

— Vous aviez fait le chemin à pied ?

— Oui.

— Qu'avez-vous fait une fois dans les lieux ?

— J'ai attendu !

— Y avait-il quelqu'un dans la maison ?

— Oui, j'entendais des bruits de voix.

— Combien de temps avez-vous attendu ?

— Une nuit, une journée et la nuit suivante.

— Pourquoi attendre dans la cave ? Pourquoi ne pas commettre votre crime dans la maison, puisque vous étiez décidée ? Vous avez hésité ?

— Non. J'attendais là, parce que je savais que quelqu'un descendrait, forcément. C'est nous qui l'avons remplie de vin, cette cave, le meilleur de la région, du vin de notre vigne. Quelqu'un allait descendre pour voler une bouteille, je le savais.

— Ce n'était pas du vol, encore une fois, la cave et son contenu ont été vendus comme le reste. Vous le saviez. Vous prétendez avoir tué pour une bouteille de vin ?

— Non.

— Donc, c'était un piège.

— Oui.

— Vous guettiez dans cet endroit, parce qu'il n'y a qu'une seule issue, l'escalier ! Et vous étiez sûre de ne pas manquer votre coup !

— Oui.

— Et peu vous importait de savoir qui descendrait à la cave ?

— En effet. Ça m'était égal.

— Vous saviez qui était dans la maison ?

— Cet homme, son fils et un métayer. On me l'a dit après.

— Vous aviez l'intention de tirer sur qui ?

— Sur le premier qui descendrait. Et les autres, s'ils se présentaient.

— A quel moment avez-vous tiré ?

— Je ne sais pas l'heure. C'était tard dans la soirée. J'ai entendu des bruits de pas au rez-de-chaussée, la porte de la cave s'est ouverte, je me suis postée en bas de l'escalier et, quand j'ai vu la silhouette dans la lumière, j'ai tiré.

— Combien de balles ?

— Deux.

— Que s'est-il passé, alors ?

— L'homme est tombé dans l'escalier, il a crié.

— Qu'avez-vous fait ensuite ?

— J'ai attendu que quelqu'un d'autre arrive.

— Vous l'espériez ?

— Oui.

— Vous auriez tiré sans hésiter ?

— Oui.

— Pourquoi ? Ces gens n'étaient pas responsables !

— Ils étaient chez moi.

— Vous n'avez pas admis la décision de justice ? Pour vous, les nouveaux propriétaires n'avaient pas le droit d'entrer dans les lieux ? Ils avaient pourtant payé !

— Je n'ai pas l'intention de discuter de cela. Votre justice n'est pas la mienne. Cette maison nous appartenait, à Yves et à moi, depuis des siècles. C'est tout.

— Revenons à votre crime. L'homme sur qui vous avez tiré, M. Charles C., était mort ?

— Je pense. Je ne m'en suis pas préoccupée sur le moment.

— Personne d'autre ne s'est présenté à l'entrée de la cave ?

— Non. Ils ont eu peur. Des lâches. Je les ai entendus crier et courir au-dehors.

— Qu'avez-vous fait ?

— Je suis ressortie par le soupirail et je suis allée me cacher un moment dans l'entrée du souterrain. J'ai attendu un moment, mais ils s'étaient enfuis avec la voiture.

— Ils ne s'étaient pas enfuis. Ils allaient chercher du secours !

— Non. S'ils n'avaient pas été lâches, ils seraient descendus chercher l'autre...

— Ce n'est pas à vous de juger vos victimes ! Vous aggravez sans cesse votre cas ! Je plains l'avocat de la défense !

— Je n'ai pas demandé d'avocat, je n'ai pas besoin d'être défendue.

— Passons. Poursuivez le récit des faits ! Vous étiez à l'entrée du souterrain ?

— J'en suis partie au bout d'un moment, je

n'entendais plus rien. J'ai refait le chemin à pied. J'ai dormi dans un fossé, une heure ou deux je crois. J'étais fatiguée. Ensuite je suis rentrée chez moi.

— Vous n'aviez pas l'intention de vous dénoncer ?

— Ça n'était pas nécessaire. Dans ce pays les gens passent leur temps à m'observer. Je n'avais qu'à attendre. D'ailleurs j'avais besoin de dormir après deux nuits sans sommeil.

— Avez-vous quelque chose à ajouter ?

— Non.

— Ces dames et ces messieurs du jury attendaient peut-être, de votre part, l'expression d'un remords. Vous venez de passer plusieurs mois en prison. On nous dit que vous priez beaucoup... Espérez-vous un pardon ?

— Je n'attends rien. Et je n'ai rien à dire.

— Pourtant, vous n'avez rien fait pour échapper à votre châtiment ? Vous auriez pu fuir. C'est donc que vous vouliez être jugée ?

— Votre jugement ne me concerne pas. Je n'ai rien à fuir, je ne suis pas lâche, j'ai fait ce que j'avais à faire...

— Voulez-vous préciser à la cour le mobile exact de ce crime prémédité.

— Non.

— Le jury appréciera. »

C'est toujours ce que doit faire un jury. Apprécier. En 1971, si la peine de mort existait encore dans les textes, on ne condamnait plus les femmes depuis longtemps à cette peine suprême.

L'appréciation du jury fut donc : réclusion à vie.

Le propriétaire de la maison des deux ponts étant mort sous les balles de la carabine de chasse de Rose D., personne n'est venu y habiter depuis. La famille de la victime a tenté de remettre en vente ce bien chèrement acquis. Mais nul acheteur ne s'est présenté. L'eau de la rivière coule sous les ponts déserts, le long des terres en friche.

A quoi pense-t-elle, dans sa prison, cette femme vieillissante ? Et où vont ses prières ?

LES MOUCHES À VIANDE

Le tintement du cendrier de cristal sur lequel M. Shoeler cogne rageusement sa pipe traduit son impatience. Il appuie sur le bouton de l'interphone :

« Allô... toujours pas de nouvelles de Willy Schmitt ?

— Non, monsieur le directeur. »

M. Shoeler se lève pour jeter un coup d'œil à la fenêtre. Au pied de la petite tour de la Shoeler & Nagel Automobiles, dont il est l'un des deux propriétaires, Zurich étale sous la brume de chaleur ses maisons bien propres, ses avenues aérées et ses voitures disciplinées. M. Shoeler fait alors demi-tour, revient à son bureau, appuie sur le bouton :

« Allô ?... Pour Willy Schmitt, toujours rien ? »

M. le directeur est surpris et en colère. Willy Schmitt, son fondé de pouvoir, est un homme sérieux et persévérant. C'est ainsi qu'il est monté en grade, pour parvenir aux côtés de M. Shoeler, après avoir travaillé durement comme mécanicien. Un homme comme lui ne prend jamais la liberté de faire attendre le patron tout un après-midi. Le cendrier de cristal est en danger. La pipe aussi. Les yeux bleus du patron lancent des éclairs, et il triture nerveusement sa courte barbe noire avant d'appuyer à nouveau sur l'interphone :

« Allô ? Vous avez appelé chez lui ?

— Oui, monsieur le directeur, sa femme est sans nouvelles. Il devait arriver de Luxembourg vers l'heure du déjeuner, mais elle l'attend toujours.

— Et il n'a pas téléphoné ?

— Non, monsieur le directeur.

— Et l'avion de Luxembourg est arrivé ?

— Oui, monsieur le directeur.

— Vous avez vérifié s'il était bien sur la liste des passagers ?

— La compagnie refusera de nous communiquer cette liste, monsieur le directeur.

— Essayez tout même, nom d'une pipe ! »

L'impatience faisant place à l'inquiétude, Shoeler retourne à la fenêtre. Qu'a-t-il pu arriver à Willy Schmitt ? L'austère fondé de pouvoir, qui mène une vie de Spartiate, n'a de sa vie jamais raté un avion ! M. Shoeler n'imagine pas quelle péripétie pourrait l'y avoir conduit. Willy Schmitt ne boit pas, ne fume pas, ne mange pas, ne rit pas et ne fréquente certainement pas les madones des aéroports. Nouveau demi-tour pour appuyer sur le bouton de l'interphone :

« Appelez-moi l'hôtel où il était descendu au Luxembourg.

— Bien, monsieur le directeur. »

Quelques instants plus tard :

« Vous avez l'hôtel Royal en ligne, monsieur le directeur.

— Allô ? L'hôtel Royal ? Est-ce-que M. Willy Schmitt est encore chez vous ? »

Au lieu de la simple réponse qu'il attendait, M. Shoeler entend son correspondant déclarer à la cantonade: « On le demande au téléphone », tandis qu'une voix péremptoire déclare avec un fort accent luxembourgeois: « Passez-moi ça! »

Et la même voix, une seconde plus tard, demande sèchement:

« Vous voulez parler à M. Willy Schmitt?... Qui êtes-vous?

— Schoeler, directeur de la Shoeler & Nagel Automobiles à Zurich. Willy Schmitt est mon fondé de pouvoir. Et vous, qui êtes-vous?

— Commissaire de police principal. M. Willy Schmitt est décédé. Son cadavre vient d'être découvert dans les bois, sur la route de l'aéroport.

— Quoi!... Comment?... Mais de quoi est-il mort?

— C'est probablement un assassinat, monsieur. Pourquoi vouliez-vous lui parler? »

Et le policier en profite pour poser à M. Shoeler quelques questions: quand son fondé de pouvoir a-t-il quitté Zurich, ce qu'il venait faire à Luxembourg, qui devait-il y rencontrer, etc. M. Shoeler, complètement éberlué, consterné, répond comme un automate, ne parvenant pas à s'expliquer comment le sévère Willy Schmitt a pu commettre un acte aussi désordonné: se faire assassiner à Luxembourg et dans une forêt!

Avant de raccrocher, le policier conclut:

« Rassurez-vous, monsieur, nous saurons vite ce qu'il s'est passé, nous avons déjà arrêté un suspect. »

Or, la vérité sur ce crime d'apparence banale est beaucoup plus étrange que le commissaire principal de Luxembourg l'imagine à ce moment.

Ce matin-là, M. Shoeler, au lieu de se rendre directement à son bureau, sonne à la porte de la villa voisine, où demeure Willy Schmitt, afin de présenter ses condoléances à sa veuve. Le cheveu gris, éternellement vêtue de robes sombres ou de tailleurs noirs, Mme Schmitt n'a eu qu'un geste à faire pour porter le deuil de son mari : retirer le petit collier de perles qui ne la quitte pas depuis leur dixième anniversaire de mariage. De toute évidence, l'assassinat de son époux la laisse désemparée. Moins pour des raisons purement affectives que pour les bouleversements que cette disparition va entraîner : Willy Schmitt était vu par certains comme un tyran domestique, écrasant la famille de sa personnalité. Il va donc lui manquer totalement, en principe.

Tandis que M. Shoeler prend congé de Mme Schmitt, à Luxembourg la police interroge avec ardeur un jeune homme aux cheveux longs, au regard de drogué, au jean maculé de boue, et dont le blouson a été déchiré par les ronces lors de sa tentative éperdue de fuir les gendarmes. Pourtant, il affirme :

« Je vous jure que je ne l'ai pas tué ! Pourquoi je l'aurais tué ?

— Pour le voler, tout simplement.

— Mais je n'y ai pas touché ! »

C'est un fait, la police n'a pas trouvé sur lui le portefeuille de la victime. Mais, le crime ayant été commis sans doute la veille, il aurait eu largement le temps de le cacher.

Après un interminable interrogatoire, le jeune drogué est conduit en prison, et c'est à Zurich que l'on retrouve M. Shoeler.

« La mort de votre fondé de pouvoir a toutes les apparences d'un crime de rôdeur, lui explique un enquêteur suisse. La police luxembourgeoise a d'ailleurs arrêté un suspect, mais, devant l'absence de preuves, elle nous demande d'enquêter à tout hasard auprès de sa famille et de ses proches. A votre avis, avait-il des ennemis ? »

M. Shoeler réfléchit quelques instants avec gravité :

« Dans son activité professionnelle, sûrement pas. Il n'était pas très aimé, certes, mais unanimement respecté pour sa capacité de travail et sa moralité intransigeante. Si vous devez trouver de la haine, ce n'est pas ici qu'il faut chercher.

— Vous dites « pas ici », mais je note une certaine gêne dans votre attitude. Peut-être voulez-vous dire : pas ici, mais ailleurs ?

— Peut-être.

— Où ?

— Cela m'ennuie de vous livrer des impressions purement personnelles.

— Permettez-moi d'insister. Il s'agit d'un crime, je vous le rappelle. Où pensez-vous qu'il pourrait avoir des ennemis ?

— Dans sa propre famille. Il avait fait tant d'efforts, partant de si bas pour s'élever si haut, qu'il était très dur avec les siens. Il était très économe et je pense que sa famille devait souffrir de cette rigueur, qu'elle tenait pour de l'avarice.

— Et vous pensez que cela aurait pu faire naître une haine poussant jusqu'au crime ?

— Euh, non... Enfin, je n'en sais rien, évidemment, et je n'accuse personne... Je réponds simplement à votre question. Les Schmitt sont mes voisins et je les connais un peu. D'ailleurs, il y a d'autres motifs à ce conflit qui l'opposait à sa famille. Willy Schmitt m'avait confié qu'il espérait que sa fille, qui est plutôt jolie, épouserait un homme ayant déjà réussi. Aussi s'est-il opposé énergiquement lorsque sa femme et sa fille lui ont présenté un jeune typographe, un petit gigolo sans avenir. J'ai entendu plusieurs fois des éclats de voix. Je sais d'autre part que, malgré l'interdiction de son père, Mlle Schmitt n'a jamais cessé de fréquenter ledit gigolo typographe... »

L'information demande réflexion et analyse.

« C'est tout ce que vous pouvez me dire? soupire enfin l'enquêteur, repliant son petit carnet et accrochant méticuleusement son stylo.

— Ma foi, oui... Évidemment, ce n'est pas parce qu'on déteste le père de famille qu'on va le tuer à trois cents kilomètres de là dans une forêt du Luxembourg. Je réalise combien cette déclaration peut vous paraître absurde. »

Accompagnant l'enquêteur jusqu'à la porte, M. Shoeler ne peut s'empêcher de murmurer dans le couloir :

« Qu'est-ce que vous voulez, c'est plus fort que moi : autant j'avais de l'estime pour lui, autant je déteste sa famille ! »

Du même pas, l'enquêteur se rend donc auprès du « gigolo typographe », amant de Mlle Schmitt. Celui-ci reconnaît s'être absenté la veille du crime toute la journée, avec une bonne volonté évidente.

« Où étiez-vous ?

— En France... à Lyon, chez des parents. »

Par contre, le lendemain, jour du crime, il était de retour, comme en témoignent non seulement Mme et Mlle Schmitt, mais de nombreux voisins et les douaniers suisses.

C'est alors que cette affaire trouve un premier épilogue, dans la salle de la morgue de Luxembourg. Il est seize heures :

« Vous auriez pu me l'amener plus tôt, a grogné le médecin chargé de l'autopsie : regardez... il est déjà plein d'œufs de mouche. »

Après un examen rapide, le même médecin conclut :

« Aucun doute, il a été assommé avec une pierre, puis étranglé avec un ruban ou une ceinture, quelque chose d'assez ferme et d'assez rigide.

— Avec cela, par exemple ? »

Le commissaire principal montre au médecin légiste la ceinture que portait au moment de son arrestation le jeune drogué :

« Oui... cela pourrait faire l'affaire. »

Après un procès bref et sans histoires, le malheureux jeune rôdeur est condamné à quinze ans de prison.

M. Shoeler n'est pas de ces gens qui remettent en cause les décisions de la justice, fût-elle expéditive et luxembourgeoise. Tandis que sa barbe noire grisaille petit à petit entre son bureau au huitième étage de la tour Shoeler & Nagel Automobiles et sa jolie villa, il engage un autre fondé de pouvoir. Toutefois, il n'est pas sans remarquer le changement brutal du train de vie de ses voisins. Quinze jours après la mort de Willy Schmitt, la modeste voiture de la famille disparaît, pour être remplacée par une grosse et luxueuse Mercedes, bientôt secondée par une voiture de sport ! La bonne de M. Shoeler observe de son côté que leur boîte à ordures regorge de cadavres de bouteilles de champagne. Enfin, il ne faudra pas plus de six semaines pour que Mlle Schmitt épouse officiellement son gigolo typographe dont elle attend un enfant, qui naîtra sans avoir connu son grand-père...

Tout le quartier observe ce brutal changement de train de vie, mais sans trop d'étonnement : tout le monde se doutait que Willy Schmitt avait économisé une petite fortune. Mais personne ne songe que celle-ci aurait pu constituer le mobile du crime: celui-ci n'a-t-il pas été jugé? Le coupable ne croupit-il pas quelque part dans une prison du Luxembourg? Tout n'est-il pas clair devant la loi?

Curieusement, c'est la maladie des enfants de la fille de Schmitt et de son gigolo de mari qui va tout changer. Lorsque le premier enfant est atteint de paralysie à sa troisième année, les voisins pensent qu'ils n'ont pas de chance. Le deuxième vit normalement, mais le troisième et le quatrième sont atteints l'un après l'autre de la même maladie. Ce n'est plus de la malchance: inconsciemment les gens se demandent: «Qu'est-ce qu'ils ont pu faire pour mériter cela?»

Lorsque M. Shoeler entend sa femme reprendre cette phrase à son compte: «Qu'est-ce qu'ils ont pu faire pour mériter cela»... il blêmit: une réponse vient tout naturellement à son esprit, ravivant ses soupçons. Soupçons devenant quasi-certitude lorsque, le malheur s'acharnant sur eux, les disputes de ses voisins deviennent fréquentes et si vives qu'il finit par déceler dans leur fureur de véritables accusations.

Hélas! lorsque M. Shoeler se décide, le 6 juillet 1969, à confier ses soupçons à la police, celle-ci refuse de l'entendre.

«Cher monsieur, un homme a été jugé et condamné par la justice luxembourgeoise. Pas question d'ouvrir une enquête sur de simples racontars. Il nous faudrait un fait nouveau, une preuve.»

Une preuve? Onze ans après le crime, cette preuve, ce fait nouveau vont apparaître sous la forme la plus inattendue qui soit: les mouches.

M. Shoeler a désormais la barbe tout a fait

grise et des lunettes. Celles-ci lui tombent des yeux lorsqu'il lit dans le journal *New Scientist* un article intitulé : « Les mouches délatrices. »

« A première vue, dit l'article, il n'y a pas grand rapport entre l'entomologie et la médecine légale. Pourtant, un bon entomologiste peut éviter qu'un suspect perde des années en prison. Encore faut-il qu'il connaisse bien la vitesse de reproduction des mouches à viande ainsi que celle avec laquelle elles s'installent sur un cadavre.

« Ces mouches arrivent généralement dans les vingt-quatre heures qui suivent à la condition que le cadavre ne soit pas isolé de façon à leur rendre l'accès impossible. (Ce qui fait que même l'absence de larves est un indice.) Parvenues au cadavre, elles pondent des œufs qui se transforment en larves et ces larves ne se transforment pas sur place en mouches, elles migrent pour cela et parfois à de grandes distances. De même, la température et les variétés de mouches, différentes selon les pays, sont des paramètres importants. »

Dix années plus tôt, M. Shoeler a suivi pas à pas le déroulement de l'enquête déclenchée par l'assassinat de son fondé de pouvoir, et il se souvient avoir lu qu'au procès le médecin auteur de l'autopsie, qui n'était pas un spécialiste de la médecine légale, s'était plaint qu'on lui eût amené le cadavre bien tard, déjà infesté de larves. Alors M. Shoeler se pose naturellement la question : « Si le crime a été commis la veille de l'autopsie, est-il normal que les larves l'aient déjà envahi ? »

« Absolument pas, lui répond l'auteur de l'article joint par téléphone, d'autant que les mouches à viande du nord de l'Europe sont plus lentes à se reproduire. Il fallait qu'elles aient pris possession du cadavre plus tôt, à quoi s'ajoute le délai qui doit s'écouler entre l'instant de la mort et celui où le corps peut être identifié par elles comme étant un cadavre, en tout au moins vingt-quatre heures. Le crime a été commis vingt-quatre heures plus tôt, c'est une certitude.

— Vous êtes formel ?

— Absolument. Si vous voulez, je vous l'écris. »

La lettre de l'entomologiste fait dans les bureaux de la justice luxembourgeoise l'effet d'une bombe. Le rapport du médecin légiste, exhumé des archives poussiéreuses, ne laisse planer aucun doute : le cadavre, à seize heures, était infesté de larves. Tous les spécialistes de médecine légale consultés, s'ils l'ignoraient alors, le savent aujourd'hui : il fallait pour cela que le crime eût été commis non pas la veille, mais l'avant-veille. Or, l'avant-veille, le condamné qui croupit en prison depuis onze ans et demi était bien loin des lieux du crime. Sa stupeur de se voir libérer au moment où il s'y attendait le moins n'a d'égale que celle des extraordinaires témoins ayant permis cette liberté : les mouches.

Or, si ce n'était lui le criminel, qui était-ce ? Pour M. Shoeler et ses voisins, aucun doute : le « gigolo typographe », alors amant de Mlle Schmitt. Ce sera aussi l'avis de la police suisse lorsqu'elle reprendra l'enquête.

Le crime fut probablement décidé par l'ensemble de la famille et exécuté par le jeune homme, à trois cents kilomètres de là, au Luxembourg, pour brouiller les pistes. Rare exemple de crime couronné par la chance. Car la police ne réussira jamais à étayer sa conviction de la moindre preuve. C'est pourquoi, comme les assassins sont toujours parmi nous et pourraient utiliser la justice contre nous, nous avons changé les noms propres, les noms de lieux et même les pays.

Pardon la Suisse, pardon le grand-duché. Aucun pardon aux assassins.

QU'EST-IL ARRIVÉ À FRÉDÉRIC?

FRÉDÉRIC JAKUBITCHEK ne sait pas que Freud existe. Il n'a que onze ans. Le saurait-il qu'il ne pourrait dire à sa mère en la prenant par la main :

« Viens maman, le monsieur va te guérir. »

Car maman ne supporte pas que son fils la prenne par la main. Elle ne supporte pas qu'on la touche. Est-ce une maladie?

« Tu es malade, maman?

— Va jouer, ne m'ennuie pas!

— Pourquoi est-ce que tu pleures?

— Ça ne te regarde pas!

— Maman.

— Cesse de m'appeler maman sans arrêt! Cesse de me tourner autour. Va voir ton père, va voir ton précepteur, occupe-toi de ce que tu voudras, mais laisse-moi tranquille! Tu as compris? Tu es un homme! Va jouer avec les hommes! »

Frédéric s'éloigne, sans pleurer, sans rechigner, petit garçon glacé, abandonné, spectateur lointain d'un théâtre où on lui a refusé son rôle : il ne peut pas être le fils de sa mère. Sa mère joue seule un drame incompréhensible. Crises de nerfs, crises de larmes, crises d'abattement, crises d'hystérie et chantage perpétuel.

Sa mère dit à son père :

« Vous m'avez forcée odieusement ! Je ne voulais pas d'enfant, je ne voulais pas de vous ! Je suis une morte vivante ! Ne m'approchez pas, ne me touchez pas ! Éloignez cet enfant, disparaissez vous-même ! »

Et le père ? Que dit-il, le père ?

Fréderic l'entend claquer des talons dans le joli salon viennois. Il le voit, dans son bel uniforme d'officier de l'armée autrichienne, s'incliner devant cette femme angoissée.

« Bonsoir ma chère, reposez-vous. »

Frédéric ignore les sentiments réels de son père derrière ce masque imperturbable. Il essaie seulement de copier l'attitude, de cultiver la dignité paternelle. Le père et le fils ne parlent jamais du drame qu'ils vivent côte à côte.

Il y a une folle dans cette maison. Une femme perdue, destructrice, mais c'est une femme d'officier, issue d'une grande famille viennoise, et sa folie doit rester ignorée. Il lui est seulement permis de se cogner aux murs de sa chambre, de renverser les meubles délicats, de briser les vases de porcelaine bleue, de se rouler sur les tapis de son boudoir et de fouetter sa femme de chambre qui a eu l'audace de prendre un amant.

Frédéric Jakubitchek a onze ans en 1909, à Vienne. Sa vie a mal commencé, elle finira mal. C'est une certitude. La fin se situe en 1960, un demi-siècle plus tard, un demi-siècle de vie au noir.

Frédéric Jakubitchek a soixante-deux ans. Il sait que Freud a existé, mais cela n'a rien changé pour lui. Il a vécu toute sa vie dans un carcan dont seule la mort pouvait le délivrer. Mais quelle mort ? Celle de qui ?

Il est en prison, à Vienne. Un homme en face de lui essaie de donner son avis sur l'état mental de cet avocat de soixante-deux ans, vieillard prématuré, ruiné, vaincu, morne, las, si terriblement las et qui se souvient :

« Je ne savais pas ce qu'était la mort. J'avais onze ans et ce n'était qu'un mot sans signification pour moi. Ma mère disait toujours qu'elle voulait mourir : « Je voudrais mourir, je voudrais mourir ! » Elle le disait avec tant de passion que j'imaginais seulement la mort comme une guérison, un état de tranquillité, de calme. Je pensais : « Pourvu qu'elle meure, si ça doit la soulager. » Mais j'ignorais comment on meurt. Un soir, mon père est venu me trouver dans ma chambre. Je le revois avec précision, grand et beau dans son uniforme, il avait une barbe dont il prenait toujours grand soin et qui sentait bon. Il fumait du tabac turc. Je l'admirais beaucoup. Il s'est assis dans un fauteuil, j'étais debout devant lui. Il m'a parlé avec calme. Il était toujours calme.

— Frédéric, tu es un homme. Je viens te faire mes adieux. Plus tard, tu comprendras mieux ce qui s'est passé et pourquoi je suis obligé de te laisser seul au monde. Je viens de tuer ta mère et j'ai pris la décision de me suicider. Nous ne nous verrons plus jamais. Pour ton avenir immédiat, j'ai pris des décisions. Tu iras dans une institution réservée aux orphelins d'officiers. Je souhaite que tu réussisses à vivre mieux que je ne l'ai fait. »

Il s'est levé, il a posé une main sur mon épaule, il m'a embrassé sur le front et m'a recommandé de ne pas sortir de ma chambre avant que quelqu'un vienne me chercher.

« Vous avez obéi à votre père ?

— Non. Je suis resté un moment seul dans ma chambre, j'ai entendu le coup de feu, alors seulement j'ai couru dans la maison. J'avais peur, si peur. Je ne savais pas d'où venait cette peur effroyable. Je voulais la voir en face, je voulais savoir. Je suis entré le premier dans le salon. Mon père s'était tiré une balle dans la tête, avec son arme personnelle. Il était défiguré. Je ne sais pas combien de temps je suis resté seul, les domestiques sont arrivés bien plus tard, ils couchaient dans une annexe de la maison. Ils n'avaient rien entendu, mais la lumière du salon les avaient intrigués. Je crois qu'il faisait presque jour, on m'a entraîné dehors. Je n'ai pas revu mon père ni ma mère. Je ne sais même pas comment il l'a tuée. On ne m'a rien dit sur ce qui s'était passé. J'ai vécu quelques jours chez ma grand-mère paternelle, où il était interdit d'en parler. Interdit de pleurer ou de poser des questions. On m'a habillé pour l'enterrement de mes parents, d'un costume noir qu'un tailleur m'a apporté. C'est la seule personne que j'ai vue de près. Un petit homme qui a pris mes mesures. Il voulait me consoler. Il m'appelait « pauvre petit monsieur ». Je ne dormais pas la nuit, j'avais des sueurs, des terreurs à propos de tout, une ombre, un bruit, le silence. Je tremblais tout le temps.

« Le jour de l'enterrement, ma grand-mère m'a secoué au premier sanglot. Elle m'a dit : « Tu ne « vas pas faire la comédie, comme ta malheu- « reuse mère ! De la tenue ! » Alors je me suis promis une chose. Mon père avait trente ans lorsqu'il s'est suicidé. Je me suis promis que, si je n'avais pas réussi ma vie à trente ans, je ferais comme lui.

— Et vous ne l'avez pas fait !

— Si. Le jour de mon anniversaire, le 7 février 1928, j'ai avalé une fiole de poison. C'est ma logeuse qui a prévenu un médecin. Ils m'ont sauvé... sauvé! Vous vous rendez compte? Ils appelaient ça m'avoir « sauvé ». Si seulement ils m'avaient laissé mourir ce jour-là. Je savais qu'il fallait le faire. Rien d'autre ne serait arrivé. J'étais seul, je n'avais que moi à faire mourir. »

Au lieu de cela, Frédéric Jakubitchek a vécu encore trente-deux ans. Il a vécu la Seconde Guerre mondiale, pris part à l'immense assassinat collectif qu'elle a représenté. Il s'était marié, il avait deux enfants. Survivre, vivre. Tout le monde le poussait à vivre! Comme si tout le monde en était capable.

Aujourd'hui, en 1960, cet homme est accusé de meurtre, et lui s'accuse d'incapacité à vivre et à faire vivre.

Qu'est-il arrivé à Frédéric Jakubitchek? Quelle drôle de question. Il regarde le psychiatre venu « l'ausculter ».

« Ce qui m'est arrivé? Mais rien. Rien n'est arrivé, justement. Rien de ce que je désirais, en tout cas.

— Vous étiez avocat après la guerre, vous aviez une situation?

— Avocat, oui, si l'on veut. J'étais docteur en droit, je traitais de petites affaires, de plus en plus petites. J'offrais mes services un peu partout, mais ça ne suffisait pas. Je gagnais mal ma vie. Je ne réussissais rien, jamais rien.

— Et votre mariage?

— Je ne voulais pas. C'est elle qui a voulu. Elle avait de l'espoir, c'était une femme simple. Elle croyait à l'oubli, elle croyait à des forces que je n'avais pas, elle croyait à l'amour, aux enfants. La vie ne lui faisait pas peur à elle, jusqu'au jour où elle a compris.

— Compris quoi ?

— Que tout était désespéré, que je ne valais rien, que je n'étais rien, que je me battais dans le noir, toujours et toujours dans le noir. Elle a fini par partager mes cauchemars, mes angoisses, cela a pris du temps. Je l'avais prévenue, pourtant, oui, je l'avais prévenue. Nous nous sommes mariés quelque temps après ma tentative de suicide. Elle avait décidé : « Ce que tu n'as pas « réussi pour toi, tu le réussiras pour nous. » A cette époque, Katherine avait des formules toutes faites. Elle disait : « Tu as mal commencé ta vie, « donc tu la finiras bien. » Ou alors : « Tu étais « trop solitaire, il te fallait une vraie famille « pour te battre. » Des formules, des modes d'emploi sur tout. Selon elle, « l'amour soulevait « des montagnes », « les derniers seraient les « premiers », « donner la vie, c'était vivre ».

« Je me souviens de ma frayeur lorsqu'elle m'a annoncé qu'elle était enceinte. Je sentais le malheur, je me revoyais enfant, j'imaginais que tout recommençait. J'étais à la place de mon propre père, un enfant allait naître, et je me voyais lui parler comme il m'avait parlé : « J'ai « tué ta mère, et j'ai pris la décision de me « suicider. » C'était inéluctable, je le savais, je le savais ! Pendant longtemps j'avais même peur de toucher mon fils, simplement de le toucher. Je me disais : « Un jour tu lui feras du mal, ne « l'approche pas. » Je me sentais contagieux. Mais personne ne comprend ça. Et puis, par moments, moi aussi j'avais de l'espoir. Il m'arrivait de croire que tout pouvait changer. J'ai lutté, j'ai accepté un autre enfant. Je croyais conjurer le sort, je me prenais pour un père normal, avec une femme normale et deux enfants normaux. Elle ne tenait qu'à moi, cette « normalité ». Il me suffisait de me lever le matin, de prendre ma serviette, de me rendre à mon bureau, de gagner de l'argent pour les faire vivre. Cela paraissait simple à d'autres. Je n'y suis pas parvenu : les dettes. J'avais toujours des dettes, de plus en plus, elles me débordaient.

— Vous auriez pu réduire votre train de vie, changer de métier. Votre femme voulait travailler.

— Vous ne comprenez pas. C'était à moi de réussir. C'était moi qui devais surmonter la situation. Sinon ma vie, mon existence, ce mariage, ces enfants, tout cela ne voulait rien dire, ou plutôt si, si je n'y arrivais pas, c'est que j'avais eu raison de vouloir mourir avant. Je me suis mis à penser que j'avais trahi ma promesse en me ratant, trahi mon père en ne réussissant pas, trahi ma femme en l'épousant, et mes enfants en les laissant venir au monde. Il fallait que je prenne à nouveau la décision.

— La même que votre père ? C'est ça ?

— Il n'y avait rien d'autre à faire.

— Vous n'avez jamais pensé que vous pouviez mourir seul ? Qu'il n'était pas nécessaire d'entraîner les autres dans la mort ?

— Je devais faire un néant de ma vie, et ma vie c'était la leur.

— Ceci est faux. Chaque être humain a une vie propre. Votre père ne vous a pas tué, lui !

— Il a tué ma mère, sa femme.

— Et c'est un crime. En se suicidant, il n'a fait qu'échapper à la punition de ce crime. Vous n'y échapperez pas. Car vous, vous êtes vivant, et le tribunal va juger vos crimes. Êtes-vous conscient d'avoir assassiné votre femme et votre fils ?

— Je suis conscient de mes actes, si c'est cela que vous voulez entendre. Et je voulais mourir aussi. J'ai raté ma mort encore une fois, ce n'est pas de ma faute.

— Réfléchissez à cette question, monsieur Jakubitchek. Et si vous vous étiez raté volontairement ?

— Ce que vous dites est odieux. J'ai voulu mourir. J'ai tué ma femme et mon fils, en les prévenant de ce que j'allais faire ensuite. J'ai fait ce qu'avait fait mon père, je me suis tiré une balle dans la tête. Ils savaient que je le ferais, ma femme ne s'est pas débattue, mon fils non plus, ils ont compris, je le jure.

— Votre fille vous a échappé ? Ou bien aviez-vous décidé de l'épargner et pourquoi ?

— Elle a eu peur. Elle n'a que dix ans. Mon fils avait douze ans, c'était presque un homme, déjà.

— Comme vous au moment où votre père s'est suicidé. Vous étiez un homme à onze ans ? Vous n'aviez pas peur ?

— J'aurais préféré mourir avec mon père, à ce moment-là. Il aurait dû. Moi je l'ai fait, il valait mieux. Je ne voulais pas pour mon fils le même destin que le mien, la même vie noire.

— Avez-vous encore des idées de suicide ?

— Je trouverai le courage de le faire. Personne ne m'empêchera d'y arriver, cette fois. »

Frédéric Jakubitchek a été condamné à douze ans de prison pour le meurtre de sa femme et de son fils. Sa petite fille Frederika, âgée de dix ans, s'était enfuie dans le jardin le jour du drame. Elle a tout vu, jusqu'au moment où son père a dirigé l'arme sur lui. La balle du revolver ne l'a pas tué. Défiguré seulement, en n'atteignant que la partie superficielle du front et l'œil droit.

Voyant son père inondé de sang, sur un fauteuil du salon, l'enfant a eu le sang-froid de faire un pansement à l'aide d'une bande de gaze qu'elle a elle-même placée sur la blessure, avant d'aller prévenir les voisins.

Un témoin a rapporté ce détail étonnant :

« Lorsque le père a repris ses esprits, il a arraché le pansement avec violence, et l'enfant s'est écriée : « Mais papa, tu vas mettre du sang « partout sur le fauteuil ! »

Frederika Jakubitchek était peut-être la seule capable de survivre, après tout.

L'ODIDHEM

Un graffiti: «Claudine, menteuse, parjure.» Un peu plus loin, sur un autre mur, une main appliquée a écrit: «Paul, sournois, petit salaud.»

Dans cette paisible rue d'une petite ville de la région parisienne, tous les murs sont couverts de semblables injures, et concernent toutes une dénommée Claudine et son fils Paul. Lorsque, de semaine en semaine, les habitants découvrent une de ces nouvelles insultes, ils jettent un regard désolé vers une modeste villa qui tente de se cacher derrière trois arbustes chétifs et quatre pots de géraniums: la demeure de Claudine Chauvet et de ses trois enfants, dont l'aîné, Paul, a douze ans.

Claudine Chauvet, la voici: sortant de son jardin, un cabas dans une main et tenant de l'autre son fils Paul.

«Bonjour, madame Chauvet.»

Du fond de son garage, un retraité rondouillard lui fait un petit signe de la main et ajoute:

«J'ai prévenu la voirie. Ils m'ont promis de venir effacer tout cela.»

Claudine Chauvet hoche la tête.

«Merci... mais il recommencera.»

A voir cette pauvre Claudine Chauvet, il est

difficile d'imaginer ce qui peut justifier une telle haine. Elle est sans charme, banale, peu attirante, ne cherche pas à séduire : petite-bourgeoise un peu près de ses sous sans doute, mais pas avare. Très correctement vêtue mais sans coquetterie, le minimum de ce qu'il faut comme maquillage, la voix de tout un chacun, le cheveu ni brun ni blond. Elle entraîne son fils d'un pas rapide vers l'école, tout près de la piscine dont elle est la caissière.

Quant à Paul, à part un nez en trompette et un regard vif et noir, rien ne le distingue des autres enfants qui se pressent déjà devant la porte de l'école. Soudain, il baisse la tête et dit à voix basse :

« Maman !

— Quoi ?

— Voilà papa.

— Papa ?

— Oui, le voilà... Il est en voiture. »

Claudine Chauvet, comme chaque fois, pâlit. Mais sans regarder ni à droite ni à gauche, sans manifester son inquiétude, elle accélère insensiblement le pas.

« Il nous suit, dit l'enfant.

— Tu crois ?

— Oui, oui... il roule tout doucement. »

Grâce au ciel, l'entrée de l'école n'est pas loin : de l'autre côté de la rue.

En même temps qu'elle le pousse vers la chaussée, la main de Claudine serre plus fort celle de son fils. Instinctivement, elle se place entre lui et la voiture :

« Vas-y, Paul, on traverse ! »

Mais à peine font-ils un pas en dehors du trottoir que de la Simca 1000 blanche qui les suivait jaillit un hurlement :

« Vengeance ! Vengeance ! »

La voiture a bondi, mais ce n'est qu'une Simca 1000. Claudine Chauvet et son fils reculent et se plaquent contre le mur. La voiture tente de les rejoindre sur le trottoir. Déséquilibrée par la bordure, elle zigzague quelques mètres et plie le poteau de l'arrêt d'autobus contre lequel elle s'écrase.

Une table ronde qui n'a que les apparences du chêne, quelques chaises cannées ornées de petits coussins de cretonne, le brigadier de gendarmerie et le commissaire de police de Melun regardent sans oser s'y asseoir un canapé de skaï trop bas. Claudine Chauvet, honteuse de ses yeux rougis, et la photo d'un sergent-chef à l'air brave trônant sur la cheminée, tels sont les personnages et les objets de la scène qui se déroule dans cette modeste maisonnette le 6 mai 1972. Avec un autre détail important : une photo où, cette fois, toute la famille est réunie. Mme Chauvet et son mari le sergent-chef, entourés des trois enfants : Paul l'aîné, Didier et Diane, la plus jeune. C'était le bon temps, celui des permissions du sous-officier et des piqueniques en forêt. Dix fois, dans la scène qui va suivre, Claudine Chauvet va jeter un regard désespéré sur cette image idyllique.

« Où est-il ? demande-t-elle.

— A l'hôpital, répond le brigadier. Mais on ne va pas pouvoir le garder : sa blessure n'est pas grave et dans deux ou trois jours on lui retire ses agrafes.

— Qu'est-ce que vous allez en faire ?

— Je ne sais pas, répond le commissaire.

— Asseyez-vous, messieurs, je vous en prie. »

Les deux flics se posent en silence sur le bord

d'une chaise. Ceux qui ont connu cette situation, et ils sont plus nombreux qu'on l'imagine, savent l'atroce sentiment d'impuissance, d'injustice, ce mélange de haine et de compassion que les policiers lisent clairement sur le visage sans grâce de la malheureuse.

« Et pourtant, dit-elle, il était bon, vous savez. »

Long regard sur l'unique photo du pique-nique dans la forêt.

« Lorsqu'il était dans l'armée, en Indochine, en Algérie ou en garnison, et qu'il venait passer ses permissions à la maison, nous étions très heureux. D'ailleurs, les enfants l'adoraient. »

Le brigadier, qui a retiré son képi et s'éponge le front avec un grand mouchoir à carreaux comme seuls peuvent en avoir les gendarmes, manifeste sa grande expérience de la vie en déclarant, péremptoire :

« Bien sûr, cela s'est gâté quand il a pris sa retraite !

— Oui... Vous comprenez, quand il était en permission, c'était la joie pour tous. On oubliait les soucis. Mais, dès qu'il était parti, j'avais toutes les responsabilités et notamment les soucis de la construction de cette maison. Il ne s'est jamais rendu compte de ce que cela représentait de difficultés, de démarches, de crédits, d'emprunts, d'échéances. Quand il a pris sa retraite, il croyait qu'il allait vivre au paradis. Au lieu de cela, il a connu nos problèmes. Son salaire de mécanicien était tout juste suffisant. Il me répétait sans arrêt : « Tu as bouffé mon pognon. » Mais cela n'était pas le plus grave. »

Le commissaire, dont le regard un peu distrait a depuis longtemps inventorié de fond en comble les quatre murs du living-room, chausse ses lunettes pour mieux voir la photo du sergent-chef au-dessus de la cheminée :

« Il devait être très jaloux, hein ? C'est cela ? »

Sous son air brave, le visage du baroudeur éclate en effet de jalousie : le regard est jaloux, le nez jaloux, la commissure des lèvres est celle d'un jaloux ; l'attitude, le port de tête, tout indique une bonté gâchée, une émotion difficilement contenue par une inquiétude agressive. Bref, ce genre d'homme qui pour rien au monde ne voudrait laisser passer une occasion de souffrir.

D'ailleurs, Claudine Chauvet le confirme :

« Oui, c'est cela qui a tout gâché. Il était devenu d'une jalousie maladive. »

Là-dessus, comme elle aperçoit une sorte de perplexité sur le visage des deux hommes, elle a presque un sourire :

« Oui, je sais bien... J'imagine ce que vous pensez : à mon âge et comme je suis. C'est pour cela que je dis que cette jalousie est maladive. Évidemment, l'un et l'autre avons vécu avant de nous rencontrer : lui c'était la vie des garnisons, moi celle des bars-restaurants où depuis toujours je suis caissière. Mais cela aurait dû plutôt le rassurer.

— Vous êtes séparés ? demande le brigadier.

— Oui, avec deux enfants.

— Et le troisième ?

— Il est de père inconnu. »

Petit silence un peu gêné et Claudine Chauvet poursuit :

« Il voulait le reconnaître, je vous dis : il était bon... Nous aurions pu nous refaire une vie tranquille, sans cette jalousie, cette stupide jalousie. Pourtant, je jure que je ne l'ai jamais trompé, même en pensée. Je n'avais qu'un but: cette maison, notre vieillesse ensemble.

— Depuis quand êtes-vous séparés?

— Il y a six mois il avait jeté les deux aînés dehors... Je ne voulais pas qu'il les batte. J'ai demandé la séparation et son expulsion.»

Nouveau silence et la femme insiste:

«Alors, qu'est-ce que vous allez en faire?»

Le commissaire s'est levé, imité par le brigadier:

«Le faire examiner par des experts, madame... Essayer de le faire soigner dans un centre de psychothérapie, je ne vois que cela.»

Après le départ des deux hommes, Claudine Chauvet appelle:

«Vous êtes là tous les trois?

— Oui, oui...» répondent Didier, Paul et Diane.

Alors, d'un geste sec, elle ferme le verrou à double tour avant de fermer, l'un après l'autre, les volets métalliques qu'elle a fait poser à toutes les fenêtres du rez-de-chaussée. Elle sait bien que son mari n'en restera pas là, qu'il reviendra. Elle est loin, toutefois, d'imaginer la folle, extravagante et sanguinaire suite de son aventure.

Une petite librairie dans une rue de Paris. Mme Roger, soixante-dix ans, petite aux cheveux blancs, portant des lunettes, engoncée dans un manteau d'hiver couleur crème, s'affaire devant la porte de son magasin. Aidée par une vendeuse, elle rentre les journaux et les revues installés dehors sur les présentoirs. Il est un peu plus de vingt heures. Un homme d'une quarantaine d'années, qui vient d'éteindre une à une les lumières de la boutique, sort à son tour et l'embrasse sur le front:

«A tout à l'heure, maman, j'en ai pour un quart d'heure.

— Où vas-tu ? »

L'homme est de taille moyenne, petite moustache, costume sombre un peu étriqué, connu dans le quartier pour être à la fois un homme aimable et paisible, très discret tant qu'il n'est pas question de son obsession :

« J'ai rendez-vous avec Fernand Chauvet.

— Bien ! Tout de même, ne te laisse pas entraîner », conseille la vieille libraire.

C'est que Fernand Chauvet et l'obsession de cet homme se rejoignent. Lui-même, bien qu'il n'ait rien d'un extrémiste, souffre énormément d'être privé de la garde de ses deux filles qui, à la suite de son divorce, demeurent en province avec leur mère. Il y a six mois il adhérait à l'Odidhem : Organisme de défense des intérêts des divorcés hommes et de leurs enfants mineurs. Il a été jusqu'à consacrer pendant une semaine sa vitrine à l'exposition en bonne place du *Livre noir du divorce* édité par cette association : ce qui lui a valu quelques réflexions ironiques.

Voici quinze jours, il accueillait le dénommé Fernand Chauvet, ex-sergent-chef en instance de divorce, séparé de ses trois enfants. Ce malheureux, après plusieurs séjours dans des centres de psychothérapie, toujours rongé par la jalousie, incapable de se trouver un emploi stable, lui avait tellement fait pitié qu'il décidait de l'héberger et de lui venir en aide.

Sa mère, la vieille libraire, voyant son fils s'éloigner sur le trottoir, suppose qu'il se rend auprès du dénommé Fernand pour répondre à un nouvel appel au secours. Elle ne se doute pas qu'elle voit son fils pour la dernière fois.

Dans leur modeste villa, Diane Chauvet, la plus jeune des trois enfants Chauvet, raconte à sa mère qui épluche prosaïquement des pommes de terre :

« Maman... papa est venu me voir à midi à la sortie de mon travail ! »

Mme Chauvet pâlit, comme chaque fois qu'il est question de son mari :

« Et alors ?

— Il m'a dit : « Tu préviendras ta mère que si « elle vend la maison je vous tue. »

Là-dessus, la jeune fille regarde Mme Chauvet qui laisse tomber sa pomme de terre et son couteau.

« Alors, maman... tu vas la vendre ?

— Non... si... je ne sais pas. Pour le divorce, je suis bien obligée de la vendre. »

A l'entrée du métro Stalingrad, Fernand Chauvet, le jaloux, et son ami et bienfaiteur, de l'Organisme de défense des intérêts des divorcés hommes et de leurs enfants mineurs, se serrent la main. Nul ne sait ce qu'ils se disent. Simplement quelques témoins les voient descendre l'escalier, se diriger vers le plan du métro qu'ils consultent longuement. Sous son bras, Fernand Chauvet porte précieusement un lourd paquet, soigneusement enveloppé dans du papier d'emballage collé avec du scotch.

Dans la maison, Mme Chauvet répète pour la énième fois à sa fille :

« Mais je suis obligée de vendre la maison ! J'y suis obligée, tu comprends ? A cause du divorce ! »

La jeune fille secoue la tête et conclut :

« Si tu ne peux pas faire autrement, ferme au moins les portes.

— Tu as raison. »

Et Mme Chauvet, à grands pas, s'en va

tourner le verrou à double tour et fermer les volets de métal qui protègent les fenêtres.

Dans le hall de la station de métro Stalingrad, Fernand Chauvet et son ami font la queue pour prendre deux billets.

C'est alors que Mme Quentin, qui rentre chez elle à Ozoir-la-Ferrière, voit une boule de feu : elle est plaquée au sol. Elle n'entend plus rien. Il y a des flammes partout, ses cheveux brûlent.

« Une explosion, raconte le guichetier de la station de métro, des cris, de la fumée. Jeté au sol, je me relève : la vitre qui m'entourait a disparu. Je vois un spectacle insupportable d'hommes et de femmes à terre, des murs couverts de sang.

— Tout autour de moi, explique un vieil homme, des gens hurlaient, couraient dans tous les sens. Une femme se tordait à terre. J'étais blessé aux jambes et au visage. On m'a entraîné à la pharmacie voisine.

— La déflagration a été si violente, raconte le commissaire qui sera le premier sur les lieux, que les blessés ont été déshabillés. Leurs papiers d'identité ont été tellement éparpillés qu'il nous a fallu trois heures pour mettre de l'ordre et identifier les victimes. »

Vers onze heures, tous les blessés ayant été identifiés, il ne reste, au milieu des fils électriques, des journaux hachés, au pied des placards publicitaires rouges de sang, que deux morts déchiquetés : l'homme de la défense des intérêts des divorcés hommes et de leurs enfants mineurs et Fernand Chauvet qui, pas plus que sa vie privée, n'a su convenablement régler sa bombe et la faire éclater à l'endroit choisi.

L'AMANT DE PALIER

Le médecin légiste est un petit homme nerveux au regard vif. Il parle avec volubilité en agitant ses longues mains blanches :

« Je vais vous expliquer, commissaire, c'est simple, imaginez que vous sautez volontairement par cette fenêtre. Vous êtes vivant, votre corps suit une certaine trajectoire légèrement en arc de cercle jusqu'au point de chute. Par contre, si vous êtes mort organiquement et que quelqu'un vous hisse péniblement par cette même fenêtre, votre corps va tomber à la verticale ! Le point de chute n'est pas le même. Dans le premier cas, vous atterrissez quasiment au bord du trottoir, dans le second vous vous aplatissez quasiment le long du mur.

— Quasiment ?

— Quasiment ! »

Quasiment étant le mot favori du petit médecin légiste, le commissaire a voulu plaisanter, mais son interlocuteur est bien trop pris par son sujet pour y prêter attention. Il poursuit sa démonstration en entraînant le commissaire dans l'ascenseur.

« Je vais vous indiquer précisément les deux

points de chute possibles, vous me direz où vous avez découvert le corps. »

Sur le trottoir d'une petite ville de l'est de la France, dans un quartier industriel gris et triste, le petit homme dessine à la craie deux croix que la pluie efface aussitôt, mais le doute n'est pas possible pour le policier.

« Il est tombé à trente centimètres du mur. L'homme qui l'a découvert a même dit qu'il avait l'air de dormir et qu'il l'avait pris pour un ivrogne.

— Donc, il était quasiment mort avant de tomber ! J'en étais sûr, quasiment sûr...

— Avez-vous trouvé autre chose ?

— Un coup derrière la tête, qui n'a rien a voir avec la chute : instrument contondant, et puis autre chose, ce malheureux venait tout juste de faire un casse-croûte, je peux même vous dire qu'il venait d'avaler de la charcuterie, du fromage et du café même pas un quart d'heure avant ! J'ai rarement rencontré dans ma carrière un suicidé qui s'offre un casse-croûte juste avant de passer par la fenêtre. Alcool, drogue, médicaments, café à la rigueur, mais du fromage et du saucisson, c'est quasiment du jamais vu !

— Conclusion : ce n'est pas un suicide ?

— J'en mettrais quasiment ma tête à couper. »

Sur cette affirmation, le commissaire contemple pensivement la fenêtre du troisième étage. Il revoit la veuve, Jeanne Roux, quarante ans, visage calme et regard triste, lui montrer cette fenêtre de l'intérieur de l'appartement et lui dire :

« Il s'est jeté de là quelques minutes avant qu'on le trouve dans la rue. J'étais dans la chambre, je n'ai rien vu mais, quand je suis revenue, la fenêtre était ouverte et j'ai eu comme un pressentiment. Il était très déprimé, ces derniers temps. »

Des larmes au fond des yeux, un chagrin digne, au milieu de ses casseroles, Jeanne Roux, en petite robe de laine, était la ménagère classique d'un couple sans histoires, sans richesse et sans gaieté. L'image d'une femme expliquant avec dignité le geste tragique d'un mari désespéré.

Le commissaire l'avait crue à priori. Il y a des gens comme ça, tellement normaux et banals que l'on n'imagine pas leur tête comme celle d'un criminel.

Jeanne Roux en est à sa deuxième déposition. Même robe de laine sans couleur, emmitouflée dans un manteau noir, elle triture une mèche de cheveux châtains derrière son oreille et ne regarde pas le commissaire en face.

« Vous m'avez dit que votre mari était rentré à six heures du matin, d'où venait-il ?

— De l'usine, il travaille de nuit trois fois par semaine.

— Étiez-vous réveillée ?

— Je l'ai entendu rentrer comme d'habitude, il s'est préparé du café et son casse-croûte.

— Donc, il rentre à six heures, il mange, et à six heures trente, un passant le découvre mort dans la rue. Vous a-t-il parlé ?

— Non, il n'a rien dit.

— Pourquoi se serait-il suicidé, d'après vous ?

— Je ne sais pas, il était déprimé.

— Pour quelles raisons ?

— Je ne sais pas, son travail peut-être, il était fatigué de travailler la nuit. Quand il rentrait le matin, il était bizarre, énervé, agressif parfois.

— Madame Roux, votre mari ne s'est pas suicidé ! »

Jeanne Roux sursaute à peine. Ses yeux bruns dépourvus de fard effleurent à peine le visage du commissaire. Elle regarde ailleurs, les murs, un calendrier, ses chaussures. Enfin, elle parle :

« Avez-vous une raison de me dire ça ?

— Évidemment. Les conclusions du médecin légiste. Votre mari était déjà mort avant de tomber par la fenêtre.

— Mort comment ?

— Vous ne le savez pas ?

— Non, vous m'accusez ?

— Vous étiez seule avec lui. »

De toute évidence, Jeanne Roux voudrait bien savoir ce que le médecin légiste a découvert, mais le commissaire ne le dit pas. Il attend et Jeanne se décide.

« Je vais vous dire la vérité. Il a voulu se suicider et je l'ai un peu aidé.

— Comment ça, aidé ?

— Je l'ai un peu poussé par les pieds.

— Ah ! bon, il vous l'a demandé ?

— Il voulait en finir, la vie n'était plus supportable pour lui. Depuis des mois, il y pensait.

— Racontez-moi précisément la scène.

— Quand je suis entrée dans la cuisine, il était penché sur le rebord, la moitié du corps dans le vide.

— Et, au lieu de le tirer vers l'intérieur, vous le poussez gentiment par les pieds ?

— Pour l'aider à en finir, c'est ce qu'il voulait.

— Admettons. Ça n'explique pas pourquoi le médecin légiste affirme qu'il était déjà mort, ou du moins quasiment mort, avant la chute.

— Il se trompe.

— Non, il ne se trompe pas. Votre mari a été frappé.

— Il a dû se cogner avant.

— Impossible, il n'a pas pu se donner le coup lui-même. Vous mentez, madame Roux. »

Jeanne Roux regarde ses chaussures une fois de plus, puis se décide.

« J'ai un amant, je voulais le protéger. Je l'aime, c'est lui qui a tué mon mari.

— A six heures du matin ?

— Non, ils se sont battus à cause de moi. Georges, mon mari, est rentré plus tôt que prévu, à cinq heures. Il nous a trouvés ensemble et il s'est mis en colère.

— Et votre amant l'a frappé ?

— Un coup de poing au menton. Georges est tombé par terre, il l'a cru mort et il l'a poussé par la fenêtre.

— Votre mari n'a pas reçu de coups de poing au menton.

— Vous êtes sûr ?

— Certain. »

Jeanne Roux se met à lisser sa robe sur ses genoux et trouve l'explication.

« Je me souviens que Louis l'a frappé avec une barre de fer.

— Où est-elle, cette barre de fer ?

— Dans le placard à outils, je crois.

— C'est donc Louis, votre amant, qui a frappé et défenestré le corps de votre mari. Vous êtes formelle ?

— Oui.

— Et vous n'avez rien fait pour l'en empêcher ?

— Ils se bagarraient trop fort, je ne pouvais rien.

— Et vous avez menti pour protéger votre amant?
— C'est ça.»

Jeanne Roux signe sa deuxième déposition et on l'emmène en prison, témoin n° 1 d'un meurtre.

L'amant qu'elle accuse vit au même étage du même immeuble. Louis Gautet a trente-cinq ans, il est célibataire, ne travaille pas de nuit et, à huit heures du matin, accueille la police avec étonnement. A-t-il une tête d'assassin, ce grand dadais mou aux cheveux blond pâle, à la peau pâle, au regard bleu inexpressif?

Louis Gautet ignore l'accusation qui pèse sur lui lorsqu'il est interrogé pour la première fois. Il a appris, dit-il, comme tous les gens de l'immeuble, le suicide de Georges Roux, son voisin de palier. Il en est désolé.

«Désolé? Voilà qui est peut-être un peu «court», monsieur Gautet, Mme Roux nous a révélé que vous étiez son amant.

— Ah! elle l'a dit? Ben, c'est vrai.

— Vous l'aimez?

— Pardon? Oh! non. Enfin, c'est une relation de voisinage, sans plus. Ce pauvre Georges n'était jamais là, alors.

— Le matin de sa mort, il vous a surpris et vous vous êtes battus?

— Battus? Ah! non, pas du tout. Bien sûr, c'était désagréable. Il est rentré alors que je me rhabillais dans la salle de bain! Je ne savais pas quoi dire, j'ai essayé de lui raconter des bêtises mais ça n'a pas marché, alors je lui ai dit la vérité. Je ne m'attendais pas à ce qu'il arrive à quatre heures du matin ! D'habitude, il ne rentre que vers six heures...

— Il était quatre heures du matin ?

— Oh ! oui, nuit noire. Nous avions passé la soirée ensemble avec Jeanne, c'est elle qui est venue me chercher. J'ai expliqué à Georges que nous devions prendre une attitude raisonnable face au problème. Je lui ai dit que j'allais quitter la ville, de toute façon, et que je n'avais pas l'intention de briser son ménage.

— Et il vous a cru ?

— Bien sûr, d'ailleurs, c'est vrai. Je quitte la ville, j'ai trouvé un emploi à Nancy.

— Et vous vous êtes quittés comment ?

— Pas trop mal. Georges savait bien que sa femme était amoureuse de moi et qu'elle venait me relancer sans arrêt. Il a bien compris que je ne lui voulais pas de mal. On s'est même serré la main sur le palier et il m'a dit : « C'est à elle de « prendre sa décision, maintenant, puisque tu « pars. Ou elle reste avec moi, ou elle retourne « dans sa famille. » Je ne pouvais pas penser qu'il allait se suicider deux heures après, il était calme.

— Et où se trouvait Mme Roux pendant cette discussion amicale ?

— Dans la chambre, je crois, elle pleurait.

— Elle ne dit pas du tout la même chose que vous !

— Ah ! bon ?

— Elle vous accuse du meurtre de son mari. Lisez sa déposition. »

Le grand dadais devient de plus en plus pâle au fur et à mesure qu'il lit les déclarations de sa maîtresse.

« Elle ment ! Elle ment, voyons, il n'y a pas eu de bagarre, juste une discussion désagréable au début. Évidemment, j'étais gêné de me trouver là, en chemise, et lui était furieux, c'était normal. Mais il se doutait que Jeanne le trompait, les gens de l'immeuble faisaient des réflexions dans son dos. Mais il n'y a pas eu de bagarre, je vous le jure! D'ailleurs, il n'est pas rentré à cinq heures mais à quatre heures, et nous nous sommes quittés plus d'une heure après, comme je vous l'ai dit, sur le palier en nous serrant la main. Moi tuer Georges? Mais je n'avais aucune raison de le faire! Aucune!

— Vous n'étiez pas jaloux?

— Pas du tout!

— Vous ne l'avez pas frappé derrière la nuque et jeté par la fenêtre?

— Absolument pas. C'est le concierge qui m'a dit qu'il s'était suicidé, ça m'a surpris, il n'avait pas du tout l'air désespéré.

— Vous avez raison, il ne s'est pas suicidé. Nous avons la confirmation qu'il a quitté l'usine à trois heures trente, une histoire de permutation avec un collègue. Il venait de faire une collecte pour un cadeau d'entreprise, il a remis l'enveloppe avec l'argent recueilli au comptable. Il a fait le trajet jusque chez lui à bicyclette, comme d'habitude, et environ vingt minutes plus tard il était arrivé. En ce qui concerne la barre de fer dont vous vous seriez servi, nous en avons trouvé trois, rouillées dans un placard, sur les indications de Mme Roux. Elles n'ont pas servi. Cette femme ne cesse de mentir avec l'aplomb d'un enfant de dix ans.»

Jeanne Roux est de retour dans le bureau du commissaire, en début d'après-midi, pour une confrontation orageuse avec son amant. Elle maintient sa version, il maintient la sienne tandis qu'une équipe de spécialistes passe l'appartement au crible et surtout la cuisine.

Plusieurs jours après les faits, ils n'ont guère d'espoir de découvrir un indice. Pourtant, sous le rebord de la fenêtre, trois petites taches brunâtres. Du sang humain, précise le laboratoire. Tout le reste a été nettoyé, lavé, pas une trace.

Ces petites taches de sang ne peuvent provenir que de la blessure reçue par la victime avant de passer par la fenêtre. Reste à découvrir l'objet qui a servi à frapper.

Jeanne Roux a tué son mari, de toute évidence. Mais elle nie l'évidence. Sa parole contre celle de l'amant. Peu à peu, cependant, les témoignages des locataires la cernent. Une voisine a entendu des éclats de voix après cinq heures du matin dans l'appartement.

Le couple se disputait. Or, l'amant était rentré chez lui, les autres voisins sont formels sur ce point.

Au bout d'une semaine, Jeanne Roux a cédé. La vérité, la vraie, n'était évidemment pas glorieuse pour elle. Entre un amant qui cède facilement le pas et un mari qui déclare : « Bon, alors, qu'est-ce que tu fais ? Tu restes ou tu files dans ta famille, décide-toi » — le tout en préparant tranquillement son casse-croûte — la femme était perdante :

« Il était assis, il mangeait, il coupait des rondelles de saucisson. Il se moquait pas mal de mes sentiments. Il disait : « Ton amant de palier « s'en va et il ne t'emmène pas. Il a bien raison, « le bougre. Moi je te donne une chance d'éviter « la honte dans ta famille. Tu peux rester si tu « veux, mais tu te décides maintenant. C'est oui « ou c'est non ? Si c'est non, tu fais ta valise et tu « files. Si c'est oui, tu arrêtes de faire cette tête et

« tu t'occupes de tes fourneaux. J'ai pas l'intention « d'entretenir une fainéante. Alors, tu réponds ? « C'est oui ou c'est non ? T'as choisi ? »

Alors Jeanne, dans sa petite robe de laine, a pris sur une étagère un moulin à légumes électrique, au pied bien lourd, et elle a frappé dans la nuque. Georges est tombé à terre au moment où il buvait sa dernière goutte de café.

Jeanne l'a traîné péniblement jusqu'à la fenêtre, elle a eu beaucoup de mal à le hisser sur le rebord, ça lui a pris du temps.

A six heures, elle le poussait dans le vide. Ensuite, elle a nettoyé la cuisine, hâtivement, fait disparaître les reliefs d'un casse-croûte et attendu.

A 6 h 10, un passant découvrait le corps ; à 6 h 20, la police était là. Et Jeanne commençait à mentir, calmement, tranquillement, avec son visage banal dans sa petite robe de laine, au milieu de ses casseroles et de son moulin à légumes bien rangé sur l'étagère.

Où vont se nicher les Mme Bovary ?

LIGOTÉ COMME UN SAUCISSON

Le 6 juin 1937, en Allemagne, surviennent deux événements extrêmement normaux: une naissance et une mort.

La naissance: il s'agit d'Hermine Rusika qui voit le jour à Bassum dans les environs de Brême. Ses parents, honorables petits-bourgeois, habitent en face d'une usine qui produit des objets émaillés, usine dont il sera question trente-cinq ans plus tard, car la fin de cette incroyable aventure est presque contemporaine.

La mort: à mille kilomètres de là, Victoria Kindelenger, une beauté plantureuse à la fortune non moins plantureuse, est découverte par une petite bonne affolée. Étendue sur le tapis de sa chambre, elle baigne dans une mare de sang. Trois balles de revolver ont été tirées à bout portant. La police a tôt fait d'arrêter l'assassin. Celui-ci n'est autre que l'époux, Mathias Kindelenger, vingt-cinq ans.

Mathias: visage rond un peu lunaire, corps massif, l'œil vif, jovial et la plaisanterie facile, ferait irrésistiblement penser, si l'on en croit les photos de l'époque, à un Pierre Doris avec un nez un peu plus long et légèrement crochu. A part cette ressemblance physique, la similitude doit s'arrêter là. Mathias Kindelenger est en effet plus proche d'un Barbe-Bleue que d'un amuseur public.

Donc, en juin 1937, la police allemande arrête Mathias Kindelenger, accusé d'avoir tué sa femme de trois coups de revolver. Pourquoi l'a-t-il tuée? Sans doute avait-il intérêt à le faire, mais il nie son crime, ce qui ne l'empêche pas d'être condamné à douze ans de réclusion et finalement gracié à la fin de la guerre, soit en 1946.

A cette époque, Hermine Rusika, née le jour où ce Barbe-Bleue commettait son premier crime à mille kilomètres de là, est une jolie petite fille de neuf ans : blonde avec les yeux bleus. Elle a déjà un visage attirant, le regard envoûtant, c'est une enfant pleine de charme et de tendresse.

En reprenant sa liberté, Mathias ne perd pas une seconde : le voici vivant comme un coq en pâte dans la ville de Linz, auprès de Maria Legscheider, un amour de jeunesse.

Maria possède deux éléments de séduction : un corps important et sculptural, et un charmant petit compte en banque qui ne représente pas un pactole, mais de quoi vivoter sans se casser la tête. Ce que fait Mathias, si l'on en croit une photo où on peut le voir affalé dans un rocking-chair sous un parasol dans le jardin de la belle Maria. Rond et gras, il semble profiter pleinement de la vie. De la sienne, en tout cas, car un beau matin le médecin décroche Maria de la porte de sa villa, où elle était pendue. Que s'est-il passé? Il faut croire que Mathias avait quelque intérêt à cette mort, puisque la mère de la victime l'accuse d'être l'assassin.

Le Barbe-Bleue proteste de son innocence : ce

n'est pas parce qu'il a été condamné pour un crime dont il s'est toujours défendu d'être l'auteur qu'il faut lui attribuer toutes les morts qui surviennent dans son entourage. Apprenant que Mathias voulait la quitter, Maria, très déprimée, s'est suicidée! Il le regrette, mais n'en est pas responsable.

La police criminelle, qui étudie sans doute un peu rapidement les détails de cette pendaison, retient en effet la thèse du suicide.

Dix-huit mois après cet événement tragique, Hermine Rusika, dix ans et demi, élevée dans la religion catholique, fait sa communion privée. Ses éducateurs s'accordent à voir en elle une enfant franche, directe, gaie, dévouée à ses amis. Une vraie petite perle rare.

Dans le même temps, Anna Fleisher, commerçante au joli «bas de laine» et aux «beaux yeux noirs», est retrouvée «suicidée» par pendaison dans un petit bois des environs de Mingen, région de Stuttgart, où elle demeure.

La police criminelle convoque une fois de plus Mathias Kindelenger. Toujours rondouillard et facétieux, le voilà assis, face aux policiers plutôt circonspects:

«Monsieur Kindelenger, vous connaissiez Anna Fleisher?

— Oui, un peu.

— Un peu beaucoup, puisque vous avez été son amant?

— Son amant? C'est beaucoup dire.

— Tout de même... Nous avons retrouvé votre nom et le sien sur soixante-dix-huit fiches d'hôtels où vous êtes descendus ensemble les mêmes jours aux mêmes heures... Ce qui laisse supposer que vous avez été soixante-dix-huit fois son amant, au moins, car nous n'avons pas enquêté dans tous les hôtels d'Allemagne. Soixante-dix-huit fois en dix-huit mois, ça fait quatre fois par mois et comme par hasard toujours le dimanche, jour où la malheureuse fermait sa boutique pour vous rejoindre.

— Et alors? s'exclame Mathias toujours aussi jovial. Il n'est pas défendu d'être l'amant d'une femme célibataire.

— Peut-être, mais on l'a retrouvée pendue. Cela fait déjà trois morts, dont deux pendaisons, parmi les femmes qui vous touchent de près.

— Que voulez-vous? Je ne suis ni un apollon ni un génie de la séduction. Mais lorsque je leur annonce que je vais les quitter, elles se suicident.»

De fait, la police s'avère incapable de prouver la culpabilité de Mathias Kindelenger. Elle parvient seulement à démontrer qu'avant la mort d'Anna Fleisher le suspect a procédé à différents détournements d'argent, ce qui permet tout de même de le condamner à quatre années de prison.

En 1952, à quinze ans et ses études terminées, Hermine Rusika entre comme apprentie dans une maison de couture de Bassum. Hermine est désormais une ravissante jeune fille, traînant derrière elle une armée de soupirants. Devant la maison de ses parents où elle demeure, une escouade d'ouvriers sur des échafaudages retapent la façade de la fabrique d'objets émaillés, qui prospère sous la direction d'une veuve énergique.

Cette année-là, Mathias Kindelenger sort de prison et se montre aussitôt très actif. Après parution d'une «annonce en vue mariage», il épouse Frédérique Rodler. Ce qui paraît incroyable, c'est que onze années vont s'écouler sans nuages. Cette fois, Frédérique Rodler n'est pas une beauté. Toujours rondouillard, lunaire et jovial, le Barbe-Bleue est devenu moins exigeant et semble avoir comme priorité la fortune. Onze années d'aisance. Et les destins de Mathias et d'Hermine Rusika se rapprochent fatalement. En effet, Frédérique Rodler, à qui son père a fait donation de sa fortune de son vivant, vit à Bassum, dans la même ville que la jeune fille.

Finalement, après un bonheur de onze ans, Mathias se retrouve veuf. Cette fois, il est difficile de lui attribuer le décès de sa femme, celle-ci étant morte d'une tumeur au cerveau.

Mais le Barbe-Bleue ne reste pas inactif. Après le décès de Frédérique, le père de celle-ci, quatre-vingt-deux ans, voit d'un mauvais œil sa fortune tomber entre les mains de son gendre. Parti un matin pour un rendez-vous important, on ne le reverra plus jamais. Comme il n'avait révélé à personne ni le lieu ni l'objet de ce rendez-vous, l'enquête fait fiasco. Pourtant on saura un jour que le vieil homme avait demandé une enquête secrète sur le passé de son gendre.

Hermine Rusika est maintenant couturière. A vingt-huit ans, et si jolie, les soupirants ne lui manquent pas. Elle choisit, Dieu seul sait pourquoi, un saltimbanque. Elle est tombée amoureuse d'un garçon, au demeurant charmant, manipulateur et prestidigitateur qui se produit à travers l'Allemagne. Souvent absent de ce fait, il laisse à Hermine beaucoup de temps libre qu'elle occupe de mille façons, notamment en observant ceux qui l'entourent et plus particulièrement la maison d'en face: la fabrique d'objets émaillés.

En 1963, Mathias Kindelenger fait publier l'annonce suivante: «Fonctionnaire d'État en retraite, bonne santé, caractère enjoué, cherche compagne pour ses vieux jours.» Parmi les réponses, il choisit celle de Marguerite Verhune: veuve, directrice et propriétaire de la fabrique d'objets émaillés. Cette fois encore, Mathias, mettant une sourdine à ses prétentions, privilégie la fortune: Marguerite est grande, forte, un visage carré, une mâchoire large et lourde, un regard autoritaire qui en imposerait au général Bigeart. Mais l'usine marche bien et lui rapporte de l'argent, beaucoup d'argent.

Après deux ans de fiançailles durant lesquelles Mathias file doux comme un mouton, c'est le mariage. Il a passé la soixantaine, le Barbe-Bleue. Va-t-il mettre un trait final à sa vie mouvementée et se contenter de croquer la fortune accumulée?

Non, car il rencontre Hermine Rusika pour laquelle il éprouve un véritable coup de foudre. Il sait bien que son amour ne saurait être partagé et que, pour obtenir ce qu'il souhaite, il lui faut user de ruse. Alors, s'il parvenait à la voir plus souvent, qui sait?... Après des conversations de plus en plus intimes, des dîners copieusement arrosés, une petite fête au champagne... Il parvient à faire admettre à Mme la directrice qu'Hermine, en voisine agréable, doit devenir tout naturellement une habituée de la maison.

Mais vu l'âge de Mathias, son physique, et vu l'âge, le physique et les vertus d'Hermine Rusika, il s'agit d'un travail de très longue haleine. Tellement long que deux ans plus tard il ne s'est encore rien passé. Mais la jeune femme est-elle dupe? Non, bien sûr. Alors, pourquoi accepte-t-elle cette fréquentation douteuse?...

Elle est fascinée par Mathias Kindelenger et l'observe avec une énorme curiosité, car, seule à Bassum, elle a découvert son secret, et d'une façon à la fois simple et extraordinaire. Lors d'un de ses anniversaires, son prestidigitateur de mari lui a offert un cadeau empaqueté dans un journal. Pas n'importe lequel : coutume charmante, il s'est amusé à rechercher un journal ayant paru le jour de la naissance d'Hermine, soit le 6 juin 1937.

Or, de quoi parle-t-on dans un journal allemand paru le 6 juin 1937 : des événements politiques d'abord, des Sudètes et de la Tchécoslovaquie, une prochaine rencontre entre Hitler et Mussolini, etc. Mais aussi d'un fait divers sans grande importance : la mort de Victoria Kindelenger. Et, sur la cinquième page, s'étale le visage rond, lunaire et jovial du mari que l'on soupçonne d'en être l'auteur. Bien sûr, il a des cheveux en plus et des rides en moins, mais, malgré la mauvaise qualité de la reproduction et la vieillesse du papier, Mathias est parfaitement reconnaissable. Hermine observe donc le Barbe-Bleue avec une certaine fascination.

En mars 1969, Hermine Rusika sort sa Coccinelle du garage. Elle voit avec étonnement deux cars de police et une ambulance devant l'entrée des appartements privés de Marguerite et Mathias Kindelenger, qui jouxtent l'usine. Elle s'arrête un instant le long du trottoir, le temps de demander à l'un des policiers :

« Qu'est-ce qui se passe ?

— Un drame, répond le policier en hochant la tête. M. Kindelenger et sa femme ont été agressés... Elle est morte.

— Et lui ?

— Ben, lui, ça va... Il est simplement un peu sonné... Il a été assommé et ligoté.

— Ligoté ?

— Ah ! oui, alors ! Comme un saucisson. »

La scène se déroulant dans le bureau du commissaire de police de Bassum, en Allemagne, un après-midi de mars 1969, est des plus étonnantes.

Quatre personnages : le commissaire de Bassum, brave moustachu sorti d'un roman policier écrit avant la guerre de 14 ; un inspecteur genre technocrate, précis, pointu, dépêché tout exprès de Brême ; Hermine Rusika, couturière au profil angélique, et son mari, prestidigitateur manipulateur, sorte de Majax un peu étonné d'être là. Quant aux accessoires, ils sont deux : un journal entre les mains d'Hermine, une cordelette sur les genoux de Majax.

« Qu'est-ce que vous avez à nous dire ? demande le commissaire moustachu.

— Je voulais vous montrer cela », répond Hermine en posant sur le bureau un journal vieux de trente-deux ans.

Le commissaire jette un coup d'œil sur la cinquième page, où s'étale la photo du visage rondouillard, lunaire et jovial du dénommé Mathias Kindelenger, alors soupçonné du meurtre de sa femme.

Le commissaire tend le journal au policier technocrate « dépêché de Brême » qui reste sans réaction.

« Oui... Oui, nous savons, répond le commissaire. Pour ce crime, il a fait neuf années de prison. » Puis il observe les visiteurs et ajoute en soupirant : « Je vois que vous ignorez la suite ! La suite, c'est qu'il a été marié quatre autres fois, que toutes ses femmes sont mortes : deux par pendaison, une d'une tumeur au cerveau, mais on le soupçonne d'avoir en passant tué son beau-père. Puis sa dernière épouse, étouffée par un bâillon et ficelée dans son lit. Mais vous êtes au courant de ce dernier drame.

— C'est pour cela que nous sommes là, monsieur le commissaire. Mme Kindelenger était une amie.

— Vous savez donc qu'hier soir le frère de Mme Kindelenger séjournait chez eux. En effet, Marguerite lui avait déclaré qu'elle voulait discuter avec lui et son mari d'une affaire urgente. Le soir venu, ils ont regardé le match de football à la télévision et la discussion a été remise au petit déjeuner. Ils sont allés se coucher vers vingt-trois heures. A huit heures, le lendemain matin, le frère s'est inquiété de ne pas les voir et s'est permis d'aller jusqu'à leur chambre où il les a trouvés ficelés dans leur lit. Hélas! le bâillon de Marguerite, trop serré, l'avait étouffée: il a été impossible de la réanimer. Une échelle posée contre le mur, une vitre découpée au diamant pour ouvrir la fenêtre de l'extérieur, un petit coffre-fort ouvert au chalumeau, et surtout la façon dont était ficelé Mathias Kindelenger le disculpent complètement... »

Il y a un nouveau silence. Le policier technocrate « dépêché de Brême » serre les dents:

« Je comprends ce que vous ressentez, dit-il enfin, et croyez-moi, cette affaire nous rend enragés. D'un côté, il n'est pas possible d'admettre que toutes ses femmes soient mortes sans que Mathias Kindelenger y soit pour rien: cela choque le sens commun. Mais une fois de plus, nous n'avons pas de preuves. Or, on ne peut pas accuser un homme à cause de son passé. Imaginez même qu'il ait commis les autres crimes et qu'il soit innocent de celui-là? On ne pourrait pas l'en accuser. »

C'est alors que Hermine Rusika, jusque-là abasourdie, se décide :

« Monsieur le commissaire, je voudrais quand même dire deux choses. D'abord, je crois savoir de quoi voulait discuter Marguerite Kindelenger... elle me l'avait dit.

— Ah ! bon ? Et cela a un rapport avec sa mort ?

— Oui... Je m'étais prise d'affection pour elle. Je voyais bien que son mari n'en voulait qu'à son argent, qu'il la trompait, quelle le savait et en souffrait. Il y a trois jours, je lui ai montré ce journal... Elle est restée stupéfaite... Puis elle m'a dit : « Merci, ma petite, je vais faire venir mon « frère, il va m'aider à prendre une décision. »

Les deux policiers échangent un regard :

« Ça c'est intéressant... vous nous fournissez le mobile, dit le jeune technocrate.

— Seulement, cela ne nous explique pas comment un homme ficelé comme un saucisson peut étouffer sa femme, remarque le vieux moustachu.

— Mon mari est prestidigitateur. Si vous le voulez, il va effectuer devant vous le numéro qu'il a réalisé toute l'année dernière au music-hall. »

Et l'homme de l'art s'allonge sur le sol du bureau pour entourer ses jambes avec sa cordelette. Au bout de cinq minutes, après une série de nœuds et de contorsions qu'il est évidemment impossible de décrire, le voilà ficelé comme un saucisson.

Après quelques secondes de stupeur, le policier technocrate « dépêché de Brême » lui demande :

« Vous dites que Kindelenger connaissait votre numéro ?

— Oui. Il avait tellement insisté que j'avais fini par lui dévoiler le truc. »

Bien sûr, ce détail ne constitue pas une preuve, mais ajouté au passé de Barbe-Bleue, il suffira à l'envoyer en prison pour le restant de ses jours, à l'âge de cinquante-sept ans. Sa carrière ayant commencé à vingt-cinq ans, si l'on retranche les douze années de prison pour le meurtre de sa première femme, l'assassin a tout de même vécu vingt ans parmi nous, impuni, bien portant et bien nourri de ses crimes.

POUR ÊTRE LIBRE

« BONJOUR, mademoiselle Mathilde ! Une baguette, comme d'habitude ? »

Sourire, bruit de caisse enregistreuse, monnaie...

Baguette sous le bras, Mlle Mathilde file sur le trottoir glacial, pour son parcours habituel. Une fois la journée de travail achevée, la porte du bureau refermée, elle entame une autre journée. Une journée de devoir. Les courses pour le dîner, les journaux, l'ascenseur, l'appartement qu'elle occupe avec sa mère depuis vingt ans.

« Bonsoir, maman, je sors le chien. »

Maman est une statue dans un fauteuil depuis vingt ans. Et depuis vingt ans, Mathilde se lève à l'aube pour les soins, et se couche à minuit, pour la même raison. Mme veuve Harvet ne supporte pas d'autre infirmière que sa fille unique. Infirmière, femme de chambre, cuisinière, dame de compagnie, souffre-douleur.

Le chien renifle le trottoir. Il prend son temps et Mathilde peut fumer l'ultime cigarette de la journée. Là-haut, elle ne pourra plus. A la moindre odeur de tabac, elle entendrait hurler :

« Et mon asthme ? Tu veux ma mort ? »

Immédiatement suivi par des commentaires sur le sujet :

« Cette manie de sucer des bouts de papier... c'est d'un vulgaire ! Tes vêtements empestent ! Tes cheveux empestent ! Je me demande comment tes collègues le supportent ! »

Mathilde a essayé les parfums pour couvrir son vice. Ça n'a pas marché non plus.

« Ma pauvre fille ! Il n'y a que les cocottes ou les duchesses pour supporter ça ! »

Mathilde a quarante-deux ans. Ni cocotte, ni duchesse, ni rien. Rien qu'une employée. Un petit clerc de notaire en jupe triste, avec des cheveux tristes, des yeux tristes derrière des lunettes tristes. Rien qu'un portefeuille aussi. Pour assurer à une mère paralysée et acariâtre le maximum de confort. Payer les traites de l'appartement, payer les caprices, payer... payer... Travailler pour payer et soigner une mère qui ne lui rend que des aigreurs.

« Tu en as mis du temps ! Ce chien passe avant moi, évidemment ! »

Ce chien ? Il est pourtant à elle, ce chien ! Elle l'a voulu ! Et elle le déteste. Elle déteste tout et tout le monde, d'ailleurs. La voisine, la concierge, le médecin, le facteur, le soleil, la pluie, les rideaux de sa chambre et même les nouvelles de la journée.

« Et mon porto ? »

Il lui faut un petit verre de porto, à sept heures du soir, tous les soirs, sur un petit plateau d'argent, avec quelques biscuits salés. Il faut, pour cela, que Mathilde la prenne dans ses bras et la sorte de son fauteuil roulant. Il faut qu'elle la dépose sur le divan, il faut qu'elle lui masse les jambes, à genoux comme une esclave, puis file à la cuisine, serve, desserve, écoute les griefs et les réflexions désobligeantes : « le poisson est mal cuit », « elle est coiffée comme un plumeau », « elle n'a jamais rien à dire », « la radio ne dit que des bêtises », « les journaux sont stupides ». Et elle n'a plus de roman à lire, la compote de pommes est infecte... Puis l'eau du bain sera trop froide ou trop chaude, les oreillers trop mous, et Mathilde décidément ne comprend rien aux échecs, c'est à croire qu'elle fait exprès de perdre !

Fatigue... fatigue, dégoût, humiliation, lassitude... Il est minuit et Mathilde ne dort pas... Elle rêve...

La défunte était âgée de soixante-quatre ans. Malade depuis plus de vingt ans, paralysée à la suite d'un grave accident de voiture, au cours duquel son mari a trouvé la mort. Le couple n'avait qu'une enfant, Mathilde, âgée de seize ans. Mathilde a survécu à l'accident, ses blessures étaient légères, mais un traumatisme crânien l'a maintenue plusieurs heures dans le coma. Aucune séquelle, elle a eu de la chance. Sa mère le lui disait toujours. Pendant quelques années bénies, Mathilde a bénéficié de la pension et fait ses études de droit, grâce à l'indemnité de l'assurance et aux précautions prises par son père avant sa mort. Une fois par semaine, elle rendait visite à sa mère à l'hôpital. Une drôle de mère, que les chirurgiens tentaient de raccommoder par petits bouts, comme une poupée cassée. D'hôpital en clinique, puis en maison de repos, la mère était un personnage lointain pour Mathilde, un souvenir presque. Ce drame, curieusement, l'avait soulagée. Elle n'entendait plus les disputes, les reproches perpétuels du couple, les bagarres, même... Quelques années de répit bienheureux. Mais à vingt-deux ans c'était fini. Son devoir était tracé. Plus question de poursuivre ses études de droit. La mère avait besoin d'elle.

« Avocat ? Tu veux devenir avocat ? Mais ma pauvre fille, ça n'a pas de sens ! Ce n'est pas un métier de femme ! Et puis tu dois gagner ta vie ! Et puis je ne vais pas rester toute ma vie dans cette maison d'infirmes ! Je veux rentrer à la maison ! »

La Faculté était d'accord.

« Mademoiselle, nous ne pouvons plus rien pour votre mère, il faut la reprendre avec vous. »

Vingt ans. Ça avait duré vingt ans, six mois et quelques jours... Et à présent la mère était là, raide sur son lit, le visage mauvais jusque dans la mort. Pourquoi n'avait-elle pas cet air de calme repos que l'on voit aux défunts, et qui rassure ? Pourquoi Mathilde était-elle si nerveuse en expliquant au médecin :

« Je l'ai trouvée ce matin, comme ça. J'ai cru qu'elle dormait.

— Vous lui aviez donné ses médicaments pour le cœur ?

— Comme d'habitude. »

Le médecin insiste :

« C'est vous qui les lui donniez ? Toujours vous ?

— Pas toujours... enfin si... Je les préparais avec son plateau du soir.

— Vous l'avez vue avaler les cachets ?

— Il me semble... d'ailleurs, oui, elle les a pris, ils n'étaient plus sur le plateau quand j'ai fait la vaisselle.

— A-t-elle pu en prendre d'autres par erreur ?

— Je... je ne crois pas...

— Et vous ? Avez-vous pu faire une erreur ?

— Non... j'ai trop l'habitude.

— Écoutez, Mathilde, je vous connais depuis longtemps. Vous êtes quelqu'un d'efficace et vous soignez votre mère depuis longtemps. Vous n'avez pas oublié qu'une surdose de ce produit peut entraîner un accident mortel? Surtout si l'on n'intervient pas immédiatement?

— Non... bien sûr... Vous croyez que?...

— C'est une hypothèse, pour l'instant, mais l'examen de l'œil et la couleur de la peau... enfin. Je suis désolé, mais il faudra sûrement vérifier ça. Je crains qu'elle n'ait pris une dose trop forte. Alors je vais être franc avec vous. Il y a deux solutions: l'erreur — la vôtre ou la sienne — ou bien le suicide. Mais je ne crois pas au suicide, pour une bonne raison: votre mère n'avait pas un caractère à ça, et son comportement le confirmait chaque jour. Qu'en pensez-vous?

— Oui... c'est... enfin vous avez raison. Je pense comme vous...

— Reste l'accident, ce que je crois. Si elle avait voulu se suicider, elle aurait avalé carrément le flacon. Or, a priori, elle n'a avalé qu'une ou deux doses supplémentaires, en contrôlant la date de l'ordonnance et le nombre de prises quotidiennes. Le calcul est simple. La question est: qui s'est trompé? Je suis obligé de vous poser la question. Obligé de faire un rapport. Il ne s'agit pas d'une mort naturelle, vous me comprenez? Votre mère ne *pouvait* pas avoir d'accident cardiaque si elle respectait les doses. Le dernier examen m'en donne la certitude.

— Je ne peux rien vous dire de plus, docteur. C'est moi qui ai placé le médicament sur son plateau. J'ai mis le nombre de cachets habituel, enfin, sûrement. C'est ce que j'ai dû faire.

— Si vous en aviez mis davantage, par erreur, les aurait-elle avalés sans vous le faire remarquer ?

— Je ne crois pas. Ma mère était maniaque.

— Et vous n'avez rien entendu, cette nuit ? Elle ne s'est pas plainte ?

— Non. Rien. Mais... enfin, je prends des somnifères depuis quelque temps, je dors mal.

— Vous ne m'avez pas parlé de ça, Mathilde ? Qu'est-ce que vous prenez ?

— Oh !... pas grand-chose... J'ai demandé au pharmacien... et ça me suffit... Je n'ai pas l'habitude des drogues... vous savez...

— Je sais... Il y aura une enquête, Mathilde... ne m'en veuillez pas, j'y suis obligé... Je ne peux pas délivrer un permis d'inhumer dans ces conditions, sans demander l'avis d'un confrère légiste, vous comprenez ? »

Mathilde comprend d'un signe de tête. Elle est pâle, presque verte. Son visage un peu ingrat de vieille fille sans joie s'est chiffonné. Elle dit quand même :

« Si je me suis trompée, j'ai tué ma mère. »

Mais le médecin la console. Il la connaît depuis si longtemps. Un modèle de patience et de dévouement. Rien ne dit qu'elle soit fautive, rien. Mathilde peut compter sur lui pour faire admettre l'accident. Avec ce genre de produit, cela arrive parfois, rarement, mais ça arrive.

Mathilde attend, seule dans le salon, devant le fauteuil vide de sa mère, que l'enquête suive son cours, que le légiste arrive, qu'un policier arrive, que l'on décide d'une autopsie. Quel silence, quel repos, quelle drôle d'impression de liberté. Cette mort est-elle un rêve ou un cauchemar, ou la réalité ?

Mathilde est toujours seule dans le salon. Midi a sonné depuis longtemps. Elle a téléphoné au bureau, reçu les condoléances de son notaire de patron, celles de la voisine, et elle attend. Ils ont emporté le corps de sa mère en ambulance, et un policier a fouillé la pharmacie, fait des petits paquets, écouté le médecin de famille, fait le tour de la maison, avant de s'asseoir en face de Mathilde, dans le salon.

Le fauteuil roulant est entre eux. Vide, comme un reproche. Le policier est un homme d'âge mur, calme, ni effrayant ni réconfortant. Il commence par dire :

« Il n'y en a pas pour longtemps. Juste quelques questions pour mon rapport et je vous laisse en paix. Vous viviez seule avec votre mère ?

— Oui.

— Pas de famille ?

— Un frère de ma mère vit en province, en Bretagne, nous ne le voyons pas souvent.

— Votre mère a-t-elle fait un testament ?

— Non.

— Vous en êtes sûre ?

— Je travaille chez un notaire. Si elle l'avait fait, elle l'aurait déposé à l'étude. De toute façon, elle n'a pas de biens personnels. Cet appartement, nous le louons depuis des années, à part les meubles...

— C'est vous qui l'entreteniez, donc ?

— Oui. Au début, nous avons eu l'assurance-vie de mon père, il y a longtemps, j'étais encore à l'école. Après j'ai dû travailler pour qu'elle puisse vivre ici.

— Vous croyez qu'elle s'est suicidée ?

— Non.

— Pourquoi ? Les grands handicapés ont parfois l'envie d'en finir...

— Pas ma mère, elle aimait vivre.

— Pourtant elle vivait mal, non ? Paralysie totale des membres inférieurs, problèmes cardiaques, problèmes nerveux, la liste du toubib est longue.

— Elle ne s'est pas suicidée.

— Alors, vous vous êtes trompée dans les pilules ?

— Ce doit être ça. Je ne vois pas d'autre explication. C'est ma faute. Et puis je n'ai rien entendu, elle a dû souffrir, le médecin dit qu'elle s'est asphyxiée, ou quelque chose comme ça. C'est ma faute. C'est moi qui l'ai tuée.

— Vous ne l'avez pas fait exprès, et puis rien n'est sûr, c'est peut-être elle.

— Non, c'est moi. »

Mathilde regarde ses mains, longues, nues, sans bijoux, des mains qui ont soigné, lavé, habillé sa mère pendant des années. Puis elle dit d'un coup :

« J'ai mis deux cachets de plus dans son potage. Je l'ai salé pour qu'elle ne sente pas le goût. Elle a même dit : « Ton potage est infect... » et elle n'en a bu que la moitié. Alors, j'en ai pris un autre, je l'ai écrasé dans la compote et j'ai mis du sucre en plus. Elle n'a rien dit. Elle adore la compote. Il manque trois cachets, vous pouvez vérifier. Après, j'ai pris un somnifère pour dormir. J'avais peur... que... enfin, j'avais peur que ça ne marche pas, qu'elle se réveille, qu'elle crie, j'aurais été obligée d'appeler le médecin et il l'aurait encore sauvée. J'avais peur de rater.

— Pourquoi ? Pourquoi avez-vous fait ça ? Votre médecin dit que vous vous êtes dévouée pour elle pendant des années !

— Oui, je sais. Et j'aurais pu continuer des années encore. Ça n'avait plus d'importance. Ma vie est fichue de toute façon, pas de mari, pas d'enfant, pas d'amis. Rien qu'elle, toujours elle, à râler, à se plaindre, à exiger, à m'humilier. J'étais habituée, vous savez, comme une somnambule. Je dormais ma vie, je la dormais.

— Alors ? Qu'est-ce qui vous a poussée ?

— J'ai rêvé, il y a quelque temps. Un drôle de rêve qui m'a réveillée en sursaut : c'était avant l'accident sur la route, j'avais seize ans, nous partions en vacances en Bretagne. Mon père et ma mère se disputaient, elle criait, elle surtout, comme d'habitude. Elle le traitait de minable ou je ne sais quoi. J'avais oublié tout ça, mais le rêve m'a tout remis en mémoire, comme si j'y étais. Les cris, mon père qui s'énerve, ma mère qui le gifle et la voiture qui dérape. C'était comme au ralenti, le fossé, la voiture qui tourne, tourne, et le choc. Comme une énorme éclaboussure. Un bruit terrible ! A l'époque, je me suis réveillée à l'hôpital, je ne me souvenais de rien, mais cette nuit-là tout est revenu d'un seul coup. Elle l'a tué. C'est de sa faute, elle le savait et elle n'a rien dit, rien. Tout ce que j'ai entendu pendant vingt ans, c'est : « Ton père conduisait « comme une brute ! Il allait trop vite. » Elle lui en voulait d'être infirme ! Vous comprenez ? Le comble, c'est qu'elle lui en voulait ! Mais quand j'ai revu tout ça dans ma tête, j'ai compris pourquoi je la détestais depuis si longtemps. Je ne pouvais plus supporter ça. La baigner, la dorloter, la masser, la nourrir, elle me dégoûtait, comme un serpent ou quelque chose comme ça. Elle n'avait plus d'excuses. Je voulais qu'elle disparaisse, ne plus la voir, ne plus l'entendre, ne plus avaler ses mensonges. Je l'ai tuée, et je le dis parce que, finalement, je ne veux pas vivre comme elle, dans le mensonge. J'ai cru que je pourrais me taire, ne rien dire, que l'on croirait à l'accident, à l'erreur.

— C'était le cas, ça a failli marcher, le toubib vous faisait confiance.

— Je sais, mais c'est mieux comme ça.

— Tout de même, pour votre père c'était un accident ! D'accord, elle l'a cherché ! Mais elle ne voulait pas le tuer, ni vous.

— C'est de sa faute, et elle a renié cette faute jusqu'au bout. Moi je préfère être un assassin devant tout le monde.

— En fait, vous étiez à bout de nerfs, non ?

— Peut-être, mais ça n'a pas d'importance. J'ai décidé de la tuer parce qu'elle était mauvaise, menteuse, exigeante, égoïste... et qu'elle ne méritait pas de vivre, même comme ça. Vous savez pourquoi elle se disputait avec mon père, ce jour-là ? Pourquoi elle l'a giflé ? Pourquoi elle le bourrait de coups, au point de faire dévier le volant ? Parce qu'il n'avait pas choisi l'hôtel qu'elle voulait. Et s'il ne l'avait pas choisi, c'est qu'il était trop cher, et si l'hôtel était trop cher pour lui, c'est qu'il n'était qu'un minable, un bon à rien, un petit avocaillon de quatre sous, tout juste capable de s'occuper de dossiers aussi minables que lui. J'entendais sa voix dans mon rêve, criarde, mauvaise. Je l'entends encore. »

Mathilde H. a été condamnée à quinze ans de prison. A quarante-deux ans. Elle n'a pas bénéficié des circonstances atténuantes. Pour le jury, cette histoire de rêve, de cauchemar plutôt, n'était qu'une invention. Ils ont jugé que Mathilde voulait se débarrasser de sa mère pour être libre. Un point c'est tout.

M. TOUT LE MONDE

Quoi de plus banal qu'un bureau de poste dans un quartier de Paris, c'est pourtant là que s'éveille la vocation de M. Colin, employé aux écritures, marié, sept enfants.

Il est difficile à décrire, ce M. Colin, c'est un M. Tout le Monde: taille moyenne, front dégagé, nez et menton vaguement pointus, un air intellectuel souligné par des lunettes à monture d'écaille. Quant au regard, il est quasiment insaisissable. M. Tout le Monde est de ces hommes qui, la tête coincée dans un étau, trouveraient le moyen de ne pas regarder l'homme qui se trouverait en face de lui.

Juliette, la petite employée des P.T.T., vingt-huit ans, est plutôt mignonne. Non qu'elle soit très jolie, mais, au-dessus du guichet, cette boule blond, bleu et rose, sans cesse animée de petits éclats de rire, de soupirs et de sourires, provoque une irrésistible sympathie. Elle regarde entrer M. Tout le Monde sans émotion particulière: complet noir, chaussettes grises, souliers aux talons éculés, la chemise n'est pas impeccable, mais la barbe soigneusement rasée.

Comment cet homme, plutôt sinistre, va-t-il parvenir à séduire la petite employée des P.T.T. ?

C'est un mystère. Probablement parce que, à la façon de M. Verdoux, il va débiter avec un aplomb imperturbable le genre d'énormes fadaises qui font rougir de bonheur la femme qui les croit, mais qu'elle peut aussi bien prendre pour de la plaisanterie et en rire.

Cela va commencer devant un petit café au bistrot du coin, puis pendant un souper dans un restaurant feutré, se poursuivre à l'hôtel, et ainsi jusqu'au cinquième jour où la jeune femme blond, bleu et rose explique à M. Tout le Monde qu'en fourmi laborieuse elle a mis de l'argent de côté pour s'acheter une voiture.

« Plutôt que d'acheter une voiture neuve, tu ferais mieux d'acheter une voiture d'occasion, laisse-moi faire, je m'y connais. »

Ce jour-là, en fin d'après-midi, la petite employée des P.T.T. attend sur un trottoir de Levallois-Perret que M. Tout le Monde vienne se garer devant elle avec l'occasion mirifique.

A l'heure pile, un mécanicien crasseux fait grincer les freins d'une guimbarde ferraillante. Il la dévisage :

« Vous êtes mademoiselle Juliette ? Oui, bon, alors voilà la bagnole, de la part de M. Colin. La carte grise est dans la boîte à gants. »

Juliette ne reverra jamais ni M. Tout le Monde ni l'équivalent des 40 000 francs qu'elle lui a confiés. Quant à la voiture, elle est tellement pourrie qu'il lui faudra presque payer pour s'en débarrasser.

M. Tout le Monde a mal aux dents. Il va donc chez un stomatologiste. Le praticien est une petite brune de quarante-sept ans, à laquelle il reste de ses charmes d'antan une peau bronzée par le Club Méditerranée, plissée sur le front façon mille-feuille. Travailleuse infatigable, elle fait aussi de l'acupuncture, du yoga, et sa vie affective se réduit à quelques minutes de gymnastique sexuelle au hasard des circonstances. Une bonne cliente pour M. Tout le Monde.

En 1978, après un mois et demi de joies sans mélange, elle attend à l'aéroport d'Orly-Ouest l'arrivée de M. Tout le Monde. Son amant est en effet de retour de la Côte d'Azur où il a été verser 200 000 francs d'arrhes pour une villa qu'ils ont décidé d'acheter tous deux à Moungins.

L'ennui, c'est que les 200 000 francs sortent de la cassette de la malheureuse femme, qui va attendre pendant des heures, cherchant dans la foule l'insaisissable regard de M. Tout le Monde. Il n'est pas de retour de la Côte d'Azur, M. Colin, il n'est pas sur la liste des passagers, il n'est nulle part. Mais ses ambitions et son efficacité ont monté d'un cran.

M. Tout le Monde cherche du travail. Mollement. Une petite annonce l'a intéressé. Le voici en présence de la secrétaire de direction : grande fille de trente ans un peu maigre, à l'allure désinvolte, qui le reçoit dans le bureau du patron. Comment cette femme peut-elle trouver le moindre charme à cet homme ? Il est presque gênant de voir se rapprocher l'un de l'autre ces deux visages : celui presque distingué, à la longue chevelure brune soigneusement partagée sur le front et rassemblée sur la nuque en un chignon élégant, et celui un peu grossier, au nez et au menton pointus, faussement intellectuel. Comment cette femme évoluée, dont le regard est direct, peut-elle accepter ces yeux qui ne la fixent jamais ? Les seuls détails qui pourraient s'accorder : les grosses lunettes d'écaille et le petit collier de perles fines.

Deux mois plus tard, la distinguée secrétaire de direction est seule à la table d'un restaurant. Elle attend M. Tout le Monde qui vient de s'absenter quelques minutes, le temps de donner un coup de téléphone. Elle attend longtemps, si longtemps qu'il ne lui reste plus qu'à payer l'addition. Encore doit-elle pour cela retourner son sac sur la table, car il ne lui reste plus rien. Avec une naïveté incroyable, elle lui a tout donné, même un portefeuille de titres hérité de ses parents.

Le soir même, elle avale un tube de gardénal et ne survit que par miracle.

Bien sûr, si les ambitions de M. Tout le Monde et son efficacité montent à chaque fois d'un cran, les dégâts sont aussi toujours plus grands. Alors la question se pose : où va-t-il s'arrêter et qui pourrait l'arrêter ?

Gerda Krauss, d'origine allemande, est âgée de quarante-sept ans lorsqu'elle fait la connaissance de M. Tout le Monde. Son rêve de mariage et d'enfantement ne s'est pas réalisé. Restée seule, elle s'est mise à travailler avec entrain pour faire des économies. Sa petite boutique de prêt-à-porter marche très bien, lui permettant d'envisager plus tard une agréable vie de rentière si elle ne doit compter que sur elle-même.

Gerda Krauss, méticuleuse et organisée, s'est faite à cette vie de célibataire, lorsque M. Tout le Monde entre dans son univers. Il va parvenir à la séduire, malgré sa méfiance, en jouant les amoureux ; oh ! certes pas les amoureux transis ! Non, il se prétend un homme raisonnable, soi-disant fortuné, négociant en textiles, possédant sa propre affaire et un appartement de six pièces. Tout augmente.

Donc il n'offre pas l'amour comme à vingt ans,

mais une affection sincère. C'est exactement l'homme qu'il faut à Gerda Krauss, et, quoiqu'elle s'en défende, c'est tout de même l'amour.

M. Tout le Monde se garde bien de lui promettre le mariage, mais elle ne peut s'empêcher d'espérer une vie commune dans le grand appartement de six pièces, et la réunion, sous une même bannière, de la boutique et de l'affaire de textiles... C'est humain.

« Cela me permettrait de te seconder pendant tes voyages. »

Car M. Tout le Monde s'absente beaucoup et s'en est expliqué :

« Je compte reprendre une petite entreprise de textiles à Elbeuf et je suis à la recherche de fonds. Plusieurs banques ont accepté de me financer. »

Sa voix calme, sans timbre, un peu distraite, inspire confiance à Gerda Krauss :

« Si tu m'expliques de quoi il s'agit, moi aussi je peux t'aider.

— Non, non, cela n'est pas utile. »

Ce n'était pas utile le mercredi, le vendredi cela s'impose, M. Tout le Monde ayant un petit ennui : une banque vient d'égarer son dossier alors qu'il doit effectuer un premier versement le lundi matin.

Gerda lui confie immédiatement ses économies, pour le week-end en somme.

La semaine suivante, lorsqu'il en demande davantage, elle hypothèque sa boutique.

Quelques jours encore et, lors d'une visite au salon du prêt-à-porter où ils se rendent tous deux, M. Tout le Monde est refoulé, ne possédant pas de carte d'acheteur. Furieux, il conduit Gerda au cinéma tandis qu'il va expédier un rendez-vous d'affaires. Il reviendra pour l'attendre à la sortie.

Ne le revoyant pas revenir, Gerda le cherche éperdument, mais ne le trouve pas. L'appartement de six pièces, avenue Henri-Martin, n'existe pas. A Elbeuf, elle fait irruption dans l'entreprise de textiles qu'il devait racheter.

« M. Colin ?... Connais pas, déclare le directeur, surpris.

— Mais il doit reprendre votre affaire !

— Comment !... Nous ne sommes pas à vendre, madame. »

Dans un commissariat de police parisien, le commissaire mâchonne un cigarillo et regarde avec beaucoup de commisération la femme entre deux âges (plus près du troisième que du second), qui penche vers lui une coiffure impeccablement arrangée pour cacher ses grosses larmes dans un mouchoir immaculé.

« Vous avez été bien imprudente, madame Krauss. Vous a-t-il promis le mariage ?

— Euh... non... mais... j'espérais », dit-elle en baissant la tête d'humiliation.

Comme la malheureuse ne le voit pas, le commissaire hausse les épaules : ne pouvant invoquer l'escroquerie au mariage, il ne reste à cette femme qu'un délit assez banal qui n'autorise pas une procédure exceptionnelle.

L'après-midi, vers cinq heures, à la station de métro Franklin-D.-Roosevelt, sur le quai en direction de Vincennes, lorsque la rame surgit, la foule se met à crier.

Devant les roues, les pompiers dégageront le corps de Gerda Krauss, sa robe de taffetas gris et sa coiffure sont toujours impeccables, mais son visage frappé par le heurtoir du premier wagon n'est qu'une horrible blessure. Elle est la première véritable victime de M. Tout le Monde. Lorsque le commissaire principal Ferenzy, visage maigre, cheveux rares, lit le petit bout de papier que Gerda Krauss tenait serré dans sa main lorsqu'elle s'est jetée sous le métro, tout s'éclaire : sur ce papier, quelques mots constituent une accusation formelle : « Alain Colin m'a complètement ruinée. »

Comment retrouver cet Alain Colin ? Dans le commissariat proche du domicile de la malheureuse, le commissaire, mâchonnant toujours un cigarillo, se souvient avoir reçu une Gerda Krauss désespérée, victime d'un dénommé Colin qui, avant de se débarrasser d'elle comme d'un vulgaire paquet, lui avait extorqué toutes ses économies. Elle était à bout, n'avait plus un sou, ne savait pas de quoi elle allait vivre.

D'autre part, une vendeuse de la boutique de prêt-à-porter hypothéquée par Gerda Krauss a vu souvent le dénommé Colin.

« Je me demande bien ce qu'elle lui trouvait, remarque-t-elle, fondant en larmes. Il ressemblait à M. Tout le Monde, nez et menton pointus, front dégagé, vaguement l'air intellectuel, avec de grosses lunettes et un regard insaisissable. »

Ressembler à M. Tout le Monde n'est pas un signalement qui peut aider la police. Espérant que l'escroc n'agissait pas sous un faux nom, le commissaire Ferenzy entreprend alors d'interroger tous les Colin : il y en a presque une page dans l'annuaire. Surprise, dans une rue bourgeoise des Buttes-Chaumont, le commissaire Ferenzy voit la porte d'un appartement s'ouvrir devant un homme particulièrement banal, qui pourrait bien être ce M. Tout le Monde. Derrière lui, une ribambelle d'enfants s'agite.

« Monsieur Colin ?

— Oui.
— Commissaire Ferenzy... Connaissez-vous Gerda Krauss ?
— Oui.
— Elle s'est suicidée hier en se jetant sous le métro. »
M. Tout le Monde n'en paraît pas affecté, à peine surpris :
« Je vous en prie, monsieur le commissaire, entrez. »
Dans un living-room encombré, M. Tout le Monde refoule sa demi-douzaine d'enfants vers quelque chambre lointaine et ferme soigneusement la porte.
« Asseyez-vous, monsieur le commissaire.
— Non... Par contre, je vous demanderai de me suivre au Quai des Orfèvres.
— Je ne peux pas laisser les enfants seuls, monsieur le commissaire.
— Vous n'êtes pas marié ?
— Si, mais ma femme est partie faire des courses.
— Eh bien, nous attendrons qu'elle revienne. »
Grassouillette, traits réguliers mais un peu vulgaires, la blonde femme de M. Tout le Monde aperçoit le commissaire en entrant. Comme si elle avait tout de suite compris, elle se dirige sans un mot vers la cuisine pour y déposer son cabas et s'occuper d'autre chose.
« Il faut que j'aille au Quai des Orfèvres, lui crie M. Tout le Monde. Mais ne t'inquiète pas, je serai là dans la soirée, n'est-ce pas, monsieur le commissaire ?
— Ça, je ne peux pas vous le promettre. »
Pas besoin de braquer une lampe électrique sur son visage, nul besoin d'interrogatoire, de contre-interrogatoire ni de confrontation : dans le

bureau du Quai des Orfèvres, M. Tout le Monde, apparemment, n'a rien à cacher:

«Je suis désolé pour Gerda, s'est-il contenté de dire, sans que le commissaire Ferenzy ait réussi à accrocher son regard insaisissable.

— Vous êtes bien sûr de vous!

— Je ne suis pas trop inquiet, monsieur le commissaire.

— Pourtant, Gerda Krauss ne semble pas avoir été la seule.

— La seule?

— Une secrétaire de direction qui a tenté de se suicider semble aussi avoir été votre victime.

— Victime?

— Oui, victime.

— Victime de quoi, monsieur le commissaire?

— Vous prétendez ne pas l'avoir connue?

— Si, si, mais je ne vois pas de quoi, aux termes de la loi, elle aurait été victime. Je serai clair, monsieur le commissaire: inutile de le cacher, car vous le découvrirez très vite. Depuis des années, ma famille et moi vivons des femmes que je rencontre, c'est vrai, et j'ai pour elles le plus profond mépris, c'est vrai aussi, mais quel est mon crime? Lorsque j'ai connu la première, je n'avais pas du tout l'intention de lui prendre son argent, mais, à l'instant où elle m'a tendu ses économies pour acheter une voiture d'occasion, j'ai compris combien il était facile de profiter de la stupide générosité des femmes... Il suffisait en somme de demander! Ce qui n'est pas interdit par la loi! Seul leur argent m'intéresse, mais je vous assure que je ne vole pas, elles me le donnent.

— Contre une promesse de mariage, bien sûr?

— Mais pas du tout, monsieur le commissaire,

pas du tout : elles rêvent, elles rêvent mais je ne promets rien.

— Avec quoi les faites-vous rêver ?

— Je ne le sais pas moi-même, monsieur le commissaire. Pour savoir, il faudrait le leur demander.

— C'est ce que je vais faire avec la liste que vous allez me donner.

— Mais sans aucun problème, monsieur le commissaire, donnez-moi de quoi écrire. Il en manquera peut-être, il ne faudra pas m'en vouloir : il y en a eu beaucoup. »

Consciencieusement, fermant parfois les yeux pour mieux se souvenir, M. Tout le Monde fait sa liste avec calme.

Au tribunal, il est en complet gris, chaussettes noires, chemise douteuse, mais très bien rasé.

Impassible au banc des accusés, il répond sans hésiter aux questions qu'on lui pose en promenant son regard insaisissable sur la salle.

« Vous souvenez-vous de la couturière Gerda Krauss ?

— Oui, oui, c'est la femme qui s'est jetée sous le métro. Je me souviens d'elle.

— Vous souvenez-vous de Janine Lecapin, la secrétaire de direction qui a tenté de se suicider ?

— Oui, oui, monsieur le président.

— Et du docteur Renaudau, la dentiste ? Et de Juliette Ligier, employée des P.T.T. ?

— Oui, oui, monsieur le président. »

Le procès sera court, aucun besoin de témoin, aucune des femmes qu'il a lamentablement séduites n'est là : c'est inutile puisqu'il avoue tout.

La partie civile, pour émouvoir le tribunal, évoque avec talent le sort de la malheureuse Gerda Krauss et y parvient : tout le monde a les larmes aux yeux. Tout le monde, sauf M. Tout le Monde.

« Ce n'est pas moi qui l'ai tuée, se contente-t-il d'expliquer.

— Certes, dit le président, mais vous l'avez poussée au suicide en la dépouillant de tout.

— Je ne l'ai pas dépouillée, elle m'a donné de l'argent car j'avais l'intention d'acheter une affaire à Elbeuf.

— Vous ne l'avez pas achetée.

— Je vous l'ai dit, monsieur le président, ce n'était qu'une intention. Peut-être que tôt ou tard je l'aurais fait.

— En attendant, son argent était sur votre compte en banque.

— C'est normal, monsieur le président, puisqu'elle me l'avait donné.

— Et la fameuse voiture d'occasion ? La pauvre Juliette vous donne 40 000 francs et vous lui faites livrer une guimbarde qui n'en vaut pas 500. Qu'avez-vous fait de la différence ?

— C'était ma commission, monsieur le président.

— Ne vous moquez pas du tribunal !... Et les arrhes de la maison sur la Côte d'Azur ?

— Je les ai vraiment versées, monsieur le président.

— Oui, mais pour une autre maison que vous aviez l'intention d'habiter avec votre famille.

— C'est un quiproquo stupide, monsieur le président. Dans mon esprit, il n'était évidemment pas question que le docteur Renaudau vienne vivre avec ma femme et mes enfants. »

Évidemment, M. Tout le Monde ne peut espérer sortir du tribunal blanc comme neige, mais que retenir contre lui ? Il n'a pas tué, n'a pas fait de promesse de mariage, pas de faux en écritures, pas de falsification.

La séduction, même basée sur le mensonge, n'est pas un délit. Il ne reste donc que de lamentables escroqueries, et encore faut-il admettre que, dans certains cas, en effet, les sommes versées par les victimes pourraient s'apparenter à des dons.

Voilà pourquoi, après la brillante défense de son avocat, c'est presque avec le sourire que M. Tout le Monde entend le verdict. Quatre années de prison pour escroquerie avec récidive : c'est le maximum de ce que l'arsenal des lois permettait au tribunal.

L'affaire ayant été jugée en 1980, M. Tout le Monde est certainement aujourd'hui en liberté, et peut-être a-t-il repris sa lucrative activité parmi nous.

LES PIERRES DE SANG

LOUISE ROBIN arrive dans sa petite auto avec son petit chapeau de paille, sa robe indienne et l'air de vouloir dire bonjour à tout le monde. Mais il n'y a personne dans le hameau. A dix heures du matin, en plein mois d'août, les fermiers sont aux champs, à la moisson. Seuls les chiens grondent au bout de leur chaîne, devant cette apparition insolite au parfum de patchouli.

Louise Robin s'abîme dans une carte de la région pour vérifier que « sa ruine » est bien à trois kilomètres du bourg, dans ce hameau dit « La Maltave ».

Le vendeur lui a dit :

« Allez voir vous-même ; pour le prix, c'est une petite merveille à retaper, et, pour ce qui est de l'isolement, vous serez gâtée. A part la ferme et une vieille bicoque, vous serez seule. »

La ruine est bien là. Une toute petite ruine après un virage serré sur un chemin de terre, enfouie sous les arbres, dévorée par le lierre et cernée par les orties.

« Le toit est bon », a dit le vendeur. Il s'avançait un peu.

Mais Louise trouve charmante la toiture gondolée en vieilles tuiles plates et la cheminée de guingois. Elle découvre l'intérieur sans difficulté par la porte béante que les ronces maintiennent debout à défaut de gonds.

Une pièce, une cheminée, un réduit, les restes d'un cellier. Le vendeur a précisé :

« C'est très petit, le reste des bâtiments a brûlé il y a longtemps, mais le terrain est vendu avec ! »

Bref, Louise Robin, trente-cinq ans, peintre, éprise d'originalité, a trouvé sa retraite. Finis la ville, le bruit, les gens, les amours difficiles et les expositions ratées. Elle se retire du monde pour une longue période de méditation et de travail.

Elle va vivre à la dure avec chandelles et feux de cheminée, nourriture et confort à la spartiate. Elle achète, c'est décidé. Le chat, dans son panier au fond de la petite auto, miaule des approbations sur ce projet d'année sabbatique.

Empêtrée dans ses jupons indiens et les orties locales, Louise n'a pas vu que deux yeux l'observaient. D'ailleurs, elle ne se méfie pas, jamais, de rien ni de personne. Elle a toujours pensé qu'un sourire évitait la violence et un dialogue la guerre. C'est une femme naïve et idéaliste pour qui les assassins n'existent que dans les mauvais rêves des autres.

Cette fois, Louise a découvert l'observateur. Il ne se cachait d'ailleurs presque pas. Taille moyenne, cheveux ras, visage rond aux traits indécis, il vient d'apparaître derrière un pan de mur noirci, vestige de l'ancien bâtiment. Un pantalon de coton bleu, des bottes mais le torse nu, il salue comme un militaire d'un drôle de geste sur le front.

Louise, barbouillée de plâtre, lui sourit, bien sûr, et enchaîne avec volubilité :

« Bonjour, vous habitez par là ? Je viens d'arriver il y a une semaine, et je n'ai encore vu personne ! J'ai acheté ça il y a un mois, alors vous voyez je retape ! Est-ce que vous venez de la ferme ? Il faudra que j'y aille, j'espère qu'on me vendra des œufs et du lait. Mais qu'est-ce que vous faites ? »

L'homme vient de bondir par-dessus les pierres et s'enfuit comme si le diable était à ses trousses. Louise appelle, mais elle ne le voit déjà plus, il a disparu dans les broussailles. Cet étrange comportement ne l'inquiète pas outre mesure. Elle imagine que l'inconnu est un paysan, peut-être un peu simplet, et qu'il a eu peur d'elle. Elle se dit même que la prochaine fois elle ne dira rien. Elle se contentera de sourire et d'attendre qu'il parle le premier.

Le soir même, à la ferme, elle est reçue avec quelque méfiance (une femme de la ville et seule, en plus, dans un tas de ruines !). A force de sourires et d'explications, Louise arrache à ses voisins la promesse de quelques œufs et d'une volaille de temps en temps. Elle est arrivée à l'heure de la soupe, mais personne ne lui propose une assiette. Il y a là le fermier, son épouse, un fils et un garçon de ferme.

Seule la femme répond à Louise ; les trois autres, les hommes, ont grogné un vague salut et replongent le nez dans leur assiette. Le visiteur de Louise n'est pas là. Alors elle questionne.

« J'ai aperçu un homme, ce matin, assez jeune, une vingtaine d'années, costaud, avec des cheveux très courts, vous le connaissez ?

— Ça se peut.

— Il s'est sauvé quand je lui ai parlé ! Je lui ai fait peur ?

— Allez savoir...

— Qui est-ce?
— Possible que ce soit Lucien.
— Y a-t-il d'autres habitants, par ici?
— Personne.
— Alors, c'est lui! Il n'est pas là?
— Ça se voit, qu'il n'est pas là!»

La femme n'a rien d'aimable. Debout, son torchon sur l'épaule, elle attend manifestement le départ de la visiteuse qui insiste naïvement. Louise est persuadée qu'il faut vaincre la méfiance, forcer les autres à communiquer, devenir des amis. C'est un besoin d'harmonie illusoire et une profonde méconnaissance des différences de coutumes et de cultures.

«Je vous demandais ça parce que si quelqu'un chez vous voulait travailler un peu, du bricolage chez moi, des choses qu'une femme a du mal à faire, vous comprenez? Eh bien, je paierai, bien entendu. Remarquez, il n'y a pas grand-chose, juste un peu de maçonnerie autour de la fenêtre et puis la porte qui ne ferme pas. Pour le reste, je me débrouille assez bien. J'ai tout passé à la chaux et j'ai repeint les poutres en rouge, c'est amusant. Mais pour la porte, qu'est-ce que vous en pensez?

— Faut voir un maçon pour ça, ici on a du travail.

— Même le dimanche? Je suis sûre qu'un dimanche ou deux suffiraient. Je paierai bien, et puis tiens, si ça vous amuse, je ferai le portrait de celui qui voudra. Peut-être vous, madame? Vous avez un visage tout à fait intéressant, j'aimerais faire du portrait, pourquoi pas, n'est-ce pas? Bon, vous réfléchirez, ça ne presse pas, l'hiver n'est pas encore là. Ah! j'oubliais, est-ce que vous auriez un peu de lait pour mon chat, j'ai épuisé la réserve et le pauvre adore ça. C'est mon seul compagnon, voyez-vous. »

Elle parle, elle parle, Louise! Elle qui prétend rechercher la solitude! Enfin, elle se résigne à partir nantie d'une petite bouteille de lait. C'est alors que survient l'un des rares témoins de l'histoire de Louise: c'est un fermier, habitant des terres distantes d'une dizaine de kilomètres. Il est venu parler des récoltes et des problèmes de stockage. Il salue Louise avec un peu d'étonnement sur le pas de la porte et reçoit un large sourire en réponse. Il se souviendra parfaitement d'elle: assez petite, cheveux blond-roux, en chignon, des yeux clairs, une peau claire, des tas de bracelets aux poignets et une robe pas ordinaire, longue avec des couleurs et des volants. Une jolie petite femme, dira-t-il, bien aimable mais bizarre tout de même.

De même, ce témoin se souviendra de la scène capitale de l'histoire. Sur le pas de la porte, dans la lueur du couchant, Lucien, le deuxième fils de la ferme, a surgi si rapidement qu'il était sûrement caché tout près à épier, comme à son habitude. Et il a dit d'un trait:

« Je veux bien travailler chez vous, moi! Je viendrai dimanche. »

La mère a rétorqué vertement:

« Tu iras si ton père est d'accord! Pas autrement!

— Si, j'irai! »

Là-dessus, la mère a levé la main et le garçon a craché par terre comme un chat fâché. Le père est alors intervenu:

« Va pas nous faire des histoires! T'iras pas, un point c'est tout! »

Lucien, l'étrange garçon aux cheveux ras, a filé sans répondre à la voix de son père, et

Louise a conclu en souriant pour effacer le malaise :

« Laissez-le donc venir, monsieur ! Je ne le mangerai pas, je vous le promets ! »

Là-dessus, elle est partie en balançant ses jupes, et les hommes de la ferme l'ont regardée disparaître pensivement, longtemps.

Un dimanche a passé, puis un autre. Le mois d'août finissant a dénudé les champs et couvert le ciel d'orages.

Le facteur klaxonne devant la maison en ruine, aux murs recouverts de chaux et à la porte close. Personne. Où mettre la grande enveloppe à en-tête du notaire et adressée à Louise Robin au lieu-dit « La Maltave » ? Pas de boîte à lettres. Peut-être la glisser sous la porte ?

Le long d'un buisson, maladroitement débroussaillé, le cadavre d'un chat fauve et en mauvais état fait reculer le facteur.

Drôle d'endroit. Un silence sinistre. Il appelle, n'obtient pas de réponse et tente de glisser la lourde enveloppe sous la porte de bois. Il se rend compte que cette porte n'est pas fermée et ne tient au mur que par un seul gond rafistolé de fil de fer. Il cogne, puis pousse la porte.

« Y a quelqu'un ? C'est le facteur ! Y a quelqu'un ? »

L'ombre brutale l'empêche de voir immédiatement l'épouvantable spectacle.

C'est un homme blanc d'émotion qui fonce sur la route en direction de la gendarmerie, oubliant lettres et paquets. Ce qu'il a vu dépasse son entendement. Un cauchemar !

« Un vrai cauchemar, brigadier ! Tout est retourné, là-dedans, des robes déchirées, des papiers, des tableaux, de la peinture partout, la vaisselle cassée, et au milieu de ça, cette femme... Ce n'est plus que du sang, brigadier... J'en ai le cœur retourné! »

Louise Robin fera l'objet d'un rapport d'autopsie particulièrement difficile à lire. Son assassin devait être armé d'un couteau de chasse. Il n'a pas laissé un endroit de chair intact. Il a coupé les cheveux et a tailladé avec une rage de bête fauve ou de malade mental.

Les fermiers voisins sont évidemment interrogés les premiers. Ils n'ont rien vu, rien entendu, et jamais vu cette femme de leur vie, prétendent-ils. L'enquête leur prouvera le contraire au bout de quarante-huit heures.

Le cultivateur témoin de la première visite de Louise, alors qu'il était de passage lui-même, est rapidement confronté à la famille D... La mère, le père, les deux fils et le garçon de ferme sont pris séparément. Tous persistent à nier en prétendant que le témoin leur veut du mal et qu'il convoite leur terre depuis longtemps.

Mais l'employé n'a pas les mêmes raisons de mentir, il n'appartient pas à la famille, lui. Il est payé, depuis deux ans, pour travailler et se taire. Mais se taire devant un gendarme, c'est plus grave, alors il parle :

« Je l'ai vue, la dame. Elle a proposé du travail au Lucien... Il a dit qu'il irait le dimanche...

— Il y est allé ?

— Je sais pas, je crois que oui.

— Quel dimanche ?

— Il y a deux semaines ; il est rentré tard, il avait un drôle d'air. Le père l'attendait dans la cour, il l'a enfermé dans la remise et on l'a même pas vu pour la soupe. Il a dû lui flanquer une raclée ou quelque chose comme ça, parce que le lendemain le Lucien avait des bleus partout. J'ai voulu lui parler, mais la mère m'a engueulé, elle m'a dit de me mêler de mes affaires. Le lendemain, elle m'a dit aussi que je ne devais parler de la dame à personne, que c'était une fille de rien et que, si j'en parlais, on croirait que j'étais d'accord avec elle et on dirait du mal de moi. »

Le père continue de nier, ainsi que la mère et le fils aîné. Trois mêmes visages haineux, aux traits durs. Le valet de ferme leur veut du mal, il est d'accord avec l'autre !

Lorsque les gendarmes emmènent Lucien, c'est un animal qu'ils traînent de force, sous les hurlements de la mère.

Lucien, vingt et un ans bientôt, réformé du service militaire pour « comportement mental inadéquat », est tantôt muet, tantôt hurleur d'imprécations. Il est intelligent, pourtant, curieusement intelligent, et s'exprime avec des phrases littéraires surprenantes apprises dans les livres qu'il dévore.

« Je ne céderai nullement à la menace, je suis un être sensible et totalement innocent du péché du monde... »

Il est difficile de mener un interrogatoire logique avec lui. Le médecin est appelé en permanence pour calmer ses crises de nerfs, vraies ou simulées, selon l'heure et selon les avis des spectateurs.

Et puis il se calme brutalement.

« Je l'ai fait. Je l'ai dit au père. Il est allé voir, il ne me croyait pas, mais je l'ai fait.

— Qu'est-ce que tu as fait ?

— Je ne vais pas vous raconter, je ne veux pas, vous savez bien puisque vous l'avez trouvée, inutile de me faire raconter cette chose.

— Si tu refuses de donner des détails, tu dois

dire pourquoi tu l'as tuée et pourquoi de cette manière.

— Pourquoi ? Il n'y a pas de pourquoi. Le père m'a pas demandé pourquoi, la mère non plus. C'est comme ça. »

Ils savaient, ce père et cette mère, et ils n'avaient rien dit « parce qu'on ne dénonce pas son fils ». Et aussi parce qu'ils avaient essayé d'empêcher « ça ». Ils avaient essayé d'empêcher que leur fils aille chez cette femme. Les femmes le mettaient toujours dans un état bizarre. Il avait de drôles d'yeux lorsqu'il voyait une femme, depuis toujours. Il avait même agressé sa mère, sa propre mère. Mais elle le défendait quand même avec une argumentation désolante.

« C'était fait, ça l'avait délivré, et dénoncer son fils n'aurait pas fait revenir cette fille, et puis elle n'avait pas besoin de le provoquer ! »

Sans les aveux complets de l'assassin qui se réfugia dans le mutisme, nul ne saura comment il a commis son crime, pourquoi il a tué le chat et saccagé la petite maison.

Louise Robin est arrivée un jour d'été 1958 dans ce qu'elle croyait être le refuge de sa vie. Il fut celui de sa mort dans une maison en ruine, désormais complètement abandonnée, et que l'on appelle dans la région « pierres de sang ».

LES LOUPS GRIS

ÉTRANGE tulipe blanche surgie du sol, le minaret est enfoncé tout là-haut dans le ciel. La tour se perd en bas dans l'enchevêtrement du village et, sur la petite place, la foule se serre à l'ombre des murs.

Le futur mari est tellement à l'étroit dans son costume noir qu'il a peine à respirer. L'air est si chaud qu'il semble épais et pesant. La future épousée, sous le voile et son énorme chevelure brune, a le front humide.

S'il n'était aussi mal à l'aise, intimidé et gauche, Khemar, le fiancé, verrait bien que la jolie Jasmina veut lui parler. Les yeux noirs de la jeune femme l'observent à la dérobée, attendant un moment qui ne vient pas, car la foule les presse : salutations des uns, joyeuses plaisanteries des autres. Soudain le père de la mariée, barbiche blanche et autoritaire, avance jusqu'au milieu de la place pour se planter en plein soleil :

« Allons, venez, venez ici ! On va faire la photo. Allons, venez ! »

Tandis que les invités quittent l'ombre du mur, dans le désordre et l'inattention générale, Jasmina retient fermement Khemar :

« Khemar, j'ai quelque chose à te dire. »

Le jeune homme est évidemment surpris par le ton de la jeune femme.

« Maintenant ? On va faire la photo.

— Oui, justement, avant la photo !

— Je t'écoute.

— Mon père ne t'a rien dit ?

— Euh, oui... Non, enfin cela dépend. C'est à quel sujet ? »

Jasmina paraît tellement décontenancée que le jeune homme la croit près de se trouver mal. Subitement, il comprend que dans ce mariage, arrangé à la hâte par le père de la jeune femme revenue exprès d'Allemagne il y a trois jours pour la cérémonie, quelque chose n'a pas été dit : ni par son père, ni par elle.

« Qu'est-ce qu'il y a, Jasmina ? Parle...

— C'est à propos de l'Allemagne.

— Quoi, l'Allemagne ?

— J'ai connu un homme, là-bas. J'ai eu un enfant. C'est un garçon et il a cinq ans. »

Jasmina n'ose pas regarder Khemar en face. Elle sent simplement que la main qui la soutenait vient de l'abandonner.

« Allons, vous venez, les amoureux ? »

Poussés par la famille, les deux fiancés au milieu de la place clignent des yeux sous le soleil aveuglant. Pour un musulman turc, dans ce village, en 1973, épouser une femme qui n'est pas vierge est quelque chose d'impensable. Surtout une femme mère d'un enfant de cinq ans.

« Il est encore temps, murmure la jeune femme.

— Allons, souriez... Mais souriez, voyons ! » ordonne le photographe avant de disparaître sous son voile noir.

Khemar a le sourire glacé :

« Pourquoi ne m'as-tu rien dit ?

— Je pensais que mon père t'en avait parlé.

— Et ce garçon, où il est?
— En Allemagne, il m'attend.»

Il faudrait au jeune homme une force de caractère qu'il n'a pas pour gifler Jasmina, tirer la barbiche autoritaire de son père et planter là la cérémonie. Alors, Khemar cherche consciemment à justifier sa lâcheté. Dans huit jours, ils repartent en Allemagne, ils vivront parmi d'autres gens. Bien que n'ayant jamais quitté son village, il sait que les Européens n'ont ni les mêmes coutumes ni les mêmes interdits. Sans doute pourra-t-il, là-bas, s'accommoder de cette honte.

Il ne dit donc rien et ne fait rien. C'est un fantôme qui se laisse photographier, le sourire crispé. C'est le fantôme de Khemar que le village va côtoyer pendant les fêtes qui durent trois jours.

Jasmina a retrouvé le village minier dans la Ruhr et son fils Arald, un magnifique gamin de cinq ans aux yeux et aux cheveux noirs comme de l'encre, au petit visage rond fendu par un éternel sourire. Elle reprend sa place à l'entrepôt où elle est manutentionnaire et prépare l'arrivée de son époux, faisant maintes démarches pour lui procurer du travail. Sur le quai de la gare où elle va le chercher un beau matin, Khemar sourit en voyant paraître le petit garçon qu'elle pousse devant elle. Ce n'est pas parce qu'on est turc et musulman qu'on n'aime pas les enfants.

«Bonjour, monsieur», dit Arald.

Khemar saisit l'enfant sous les aisselles, le soulève jusqu'à son visage et l'embrasse. Puis, se tournant vers Jasmina qui l'observe d'un œil inquiet, il dit:

«Appelle-moi papa.»

Tout semble se passer parfaitement, lorsque

Khemar reste soudain planté comme un piquet. On le croirait foudroyé. Son œil regarde dans le ciel au-dessus des toits et aperçoit un minaret! Dans ce village, plus d'un tiers des habitants sont turcs et forment la majorité des travailleurs. Dans cette petite cité grise, il y a donc deux églises et deux mosquées. Khemar n'avait pas prévu les mosquées. Comment vivre sa honte, désormais, en passant devant elles?

C'est le soir de la Saint-Martin. A cheval dans son vaste manteau rouge, saint Martin parcourt les rues noirâtres de la cité minière. Derrière lui, le groupe des enfants allemands et turcs mélangés portant des lampions chantent: «Le grand saint Martin était un bien brave homme.»

C'est alors que Khemar, qui suit à quelques pas avec d'autres parents, sent peser sur lui de lourds regards. Dans cette colonie turque d'Allemagne, la plupart des hommes pensent et réagissent comme dans son village, où les questions d'honneur sont le premier souci de l'existence. Cet homme, qui n'hésite pas à paraître en public avec le fruit du péché et se laisse appeler «papa», est regardé comme un provocateur. Très vite, l'attitude de la colonie devient agressive envers Khemar, qui rassure sa femme:

«Ne t'inquiète pas de cela, Jasmina, laisse parler les gens. J'ai bien réfléchi, tout cela m'est égal. S'il faut soustraire le petit à ces ragots, nous l'enverrons au lycée.»

Quatre mois se sont écoulés: Jasmina est enceinte.

«J'espère que ce sera une fille, déclare Khemar à ceux qui veulent bien l'entendre.

— Pourquoi une fille?

— Dame! Nous avons déjà un garçon.»

C'est un langage que la colonie turque ne peut

comprendre: comment Khemar peut-il considérer un bâtard comme son fils?

Un oncle lui crache au visage:

« Tu n'es pas un homme! »

Khemar parle à peine l'allemand. C'est donc sa femme qui accomplit toutes les démarches officielles, notamment auprès de l'Office du travail qui doit régulariser la situation du couple en Allemagne. Lorsqu'elle s'absente, les voisins murmurent:

« Sûr qu'elle doit fréquenter un autre homme. Probable que l'enfant qu'elle attend est de celui-là. »

Ces propos méprisables reviennent aux oreilles de la jeune femme, que son mari console comme il peut:

« N'écoute pas! N'écoute pas! Dès que nous le pourrons, nous irons nous installer ailleurs. »

Un jour, Khemar se promène avec l'enfant. On les voit souvent déambuler ainsi, comme deux vrais copains qui paraissent s'aimer beaucoup. Puis Khemar le Turc s'arrête devant un marchand de glaces et cherche quelques pièces au fond de ses poches.

« Moi, pas argent, conclut-il tristement. Toi beaucoup glaces quand j'aurai argent. »

Mais il semble brusquement avoir une idée et s'adresse au marchand de glaces qui est turc, lui aussi:

« Peux-tu nous faire crédit? lui demande-t-il en turc.

— Pas de crédit!

— Pourquoi? Je repasserai avec ma femme tout à l'heure; elle aura de l'argent.

— Pour donner des glaces à son bâtard! Pas de crédit! »

C'en est trop: Khemar se penche par-dessus le

comptoir, saisit le glacier à la gorge, parvient à le tirer jusqu'à lui et, devant le gamin affolé, ils se battent comme des chiffonniers. Lorsque enfin des passants les séparent, le glacier turc, tout en remettant de l'ordre dans ses vêtements, les prend à témoin :

« Vous avez vu ? Non mais vous avez vu ? Ce type, c'est la honte de la colonie ! »

Dans le brouhaha, une phrase lancée par on ne sait qui fait frémir Khemar :

« Il faut prévenir les Loups gris. »

Les Loups gris sont une organisation fasciste turque, qui porte emblème à l'image d'un loup et prétend maintenir le peuple turc dans un idéal de pureté nationaliste. Non seulement elle a assassiné beaucoup d'adversaires politiques en Turquie, mais elle entretient en Allemagne de l'Ouest des sections actives qui terrorisent ceux de ses compatriotes qui ne partagent pas les mêmes opinions. Les Loups gris agissent parfois à visage découvert, mais préfèrent à d'autres moments assassiner dans l'ombre. Nul besoin de chercher pour les rencontrer, il suffit de faire appel à eux publiquement : dans la foule il y en aura toujours un pour vous entendre. Et, cette fois encore, l'appel anonyme va être entendu.

Le 6 novembre 1974, Jasmina, fourbue, de retour à la maison, cherche son fils Arald. Sans doute est-il avec Khemar. Mais bientôt Khemar revient à son tour : seul. Alors, tous deux partent dans le village à la recherche de l'enfant pendant des heures. Force leur est de prévenir la police. Toute la nuit, deux patrouilles parcourent les rues, sans résultat.

Le lendemain matin, Jasmina et Khemar, effondrés, fournissent aux policiers des vêtements ayant appartenu à l'enfant pour les faire renifler aux trois chiens qui vont aider aux recherches.

Dans l'après-midi, un sifflement remplit le ciel : deux hélicoptères viennent aider la police locale. Pendant sept jours, une véritable armée fouille les terrils, les gravières, les carrières, les maisons en démolition, les arrière-cours.

Le 14 novembre, des enfants turcs trouvent, dans l'arrière-cour de la maison où demeurent Jasmina et Khemar, la tête du petit Arald, enveloppée dans un sac de plastique.

Et, durant les jours qui suivent cette atroce découverte, apparaissent ici ou là, en morceaux, les vêtements de l'enfant : des lambeaux de pull-over ou de petits souliers qu'il faut reconstituer comme un puzzle.

Finalement, le commissaire de police se précipite au service de la voirie.

« Vite ! Où sont les bennes à ordures ?

— A cette heure-ci ? Elles sont en route vers l'incinérateur.

— Arrêtez-les ! Il faut cesser l'incinération des ordures. Vous risquez de brûler le cadavre si l'assassin parvient à s'en débarrasser ! »

Dix jours plus tard, une voisine de Jasmina trouve la veste de l'enfant subrepticement déposée à l'endroit où l'on a trouvé la tête. Le commissaire en déduit que le cadavre est caché dans la maison et la fait fouiller minutieusement.

Après avoir sondé les planchers et les murs, vidé les placards et déplacé les meubles, les enquêteurs veulent visiter le faux grenier :

« A quoi bon, remarque la malheureuse Jasmina qui les suit partout en traînant son gros ventre ; il n'y a qu'un moyen d'y accéder : c'est par une trappe au plafond de notre appartement.

— Oui... c'est idiot, bien sûr, soupire le commissaire, mais nous ne pouvons pas quitter la maison sans avoir tout fouillé. »

En se faisant la courte échelle, deux policiers soulèvent la trappe. Le plafond craque tandis qu'ils se glissent à quatre pattes dans la charpente. Soudain une exclamation. Là-haut, l'un des enquêteurs vient de s'adresser à l'autre :

« Regarde ! Regarde !... »

Au-dessous, le commissaire sursaute et jette un regard vers Jasmina horrifiée.

Lorsque le premier des deux hommes saute de la trappe de l'appartement, il tend aussitôt les bras pour saisir une grande boîte en carton ondulé, barbouillée de sang, et écarte la mère.

« Allons, madame, ne restez pas là, je vous en prie. »

Le commissaire pousse Jasmina jusqu'à sa chambre. Lorsqu'il revient auprès des deux hommes, dans le carton entrouvert il aperçoit du plastique et, à travers le plastique, une main d'enfant.

« Le cadavre est complet », dit l'un des policiers en réajustant le couvercle.

D'abord interrogé comme témoin principal, Khemar devient vite le suspect numéro un puisque personne d'autre que lui ne pouvait accéder à ce grenier. Mais comment admettre que cet homme, qui paraissait tellement attaché à l'enfant, ait pu le tuer ? Pourtant, interrogé sans relâche, par l'intermédiaire d'un interprète, pris dans ses contradictions, perdu dans ses propres mensonges, en larmes, il passe aux aveux :

« Oui, c'est moi. J'ai tué le petit. Je lui ai coupé la tête.

— Pourquoi ? Mais pourquoi ? »

L'homme se lance alors dans un discours en

turc, haletant, sans doute incohérent, car l'interprète, incapable de traduire, impressionné, inquiet, se contente de le résumer ainsi :

« Il prétend que les Loups l'y ont obligé. Ils disaient que le garçon était un bâtard, une humiliation pour sa famille, pour son village, pour la colonie turque. Il fallait qu'il lave cet affront dans le sang. Sinon, lui-même et sa femme en seraient un jour punis. »

Après un silence, l'interprète ajoute :

« Si je comprends bien, je crois que les Loups gris l'ont aidé. »

Nouveau silence, et l'interprète dit encore :

« Je voudrais ne pas vous avoir traduit cela, commissaire. D'ailleurs, je préférerais que mon nom ne figure pas dans ce procès-verbal. Moi aussi, j'ai une femme et des enfants. »

Ainsi, les Loups sont restés dans la ville.

LE VOYOU QUE VOILÀ

La vieille grand-mère Taupin, l'irascible grand-mère Taupin, ouvre sa porte avec méfiance. La vue de son fils debout dans le soleil n'amène pas le moindre sourire sur son visage bourru.

« Te voilà, toi ! Il te faut des ennuis par-dessus la tête pour venir me voir ! Et en plus, tu me les amènes à domicile, tes ennuis ! »

Derrière Martial Taupin, les ennuis en question traînent des baskets sales, des jeans éculés et un blouson de cuir si râpé qu'on le dirait en carton. C'est Colas, le petit-fils, le dernier des petits-fils de la grand-mère Taupin. Dernier par l'âge, dernier dans le comportement.

La grand-mère ne craint pas les mises au point brutales :

« Alors, ils t'ont relâché ! Eh ben y z-ont pas peur... Moi, à leur place, c'est pas deux ans que je t'aurais collé, mais dix pour t'apprendre à devenir un homme, espèce de petit voyou ! Ça cambriole chez les autres et ça se prend pour quelqu'un ! Qu'est-ce que c'est que cette tenue, Martial ? C'est comme ça que tu habilles ton fils ? Je te préviens, garçon, ici, pas question de jouer les clowns de foire. Tu vas me faire le plaisir d'aller mettre un pantalon et une chemise convenables, et arrête de mâchonner cette pâte! Ça te donne l'air idiot et tu l'es suffisamment!»

Colas n'a pas revu sa grand-mère depuis ses dernières vacances d'adolescent, en 1950. Il avait alors treize ou quatorze ans. Il en a vingt à présent. Son regard est devenu mauvais, il se dandine avec affectation, mais il est plus facile de jouer les blousons noirs à Avignon et avec les copains que dans cette campagne isolée devant la grand-mère intraitable. Pour l'instant, il n'a pas le choix. Interdit de séjour en ville, en libération conditionnelle et sans travail, il a fait l'objet d'une décision du conseil de famille. Durant les trois années de son interdiction de séjour, il vivra ici.

Travailler ici, manger et dormir ici, seul avec la grand-mère.

Mais les négociations furent difficiles:

«J'ai pas besoin d'un voleur chez moi!

— Grand-mère, tu as donné ta caution au juge!

— C'est de ta faute. Tu me l'as extorquée, moi je l'aurais laissé en tôle, ton fils! Un gredin qui s'attaque aux passants, démolit les voitures et casse des vitrines!»

Finalement, l'accord s'est fait. Colas s'installerait avec elle dans la maison de campagne et serait chargé des travaux trop lourds pour la vieille dame, au lieu d'engager un homme de peine pour labourer son jardin, tailler les arbres, couper du bois, le rentrer et soigner les bêtes. Ce serait le prix de la liberté.

Colas, élevé en ville depuis sa naissance, n'apprécie guère cette liberté qui ressemble fort à une prison pour lui. La maison est isolée, le village à demi mort, et il se souvient des rares jeunes gens de l'endroit avec mépris.

Il ne se voit pas jouant de l'accordéon au bal du dimanche ou traînant une brave fille du coin sur le porte-bagages d'une bicyclette. Adieu moto, rodéos nocturnes, boîtes à musique, cinéma, rock and roll et bandes de voyous! Bonjour la campagne, le silence, le bon air, et bonjour grand-mère:

«Tu pourrais dire bonjour, espèce de vaurien! On t'a coupé la langue en prison? Oh! je sais, je vois ça dans tes yeux. Tu l'étranglerais bien la vieille, hein? Eh bien, n'y songe pas, mon garçon, tu pourrais avoir des surprises. On ne sait jamais qui est plus malin que l'autre, à ce petit jeu!»

Drôle de grand-mère et drôle de petit-fils.

Le passé de Colas Santini est un court passé, mais il est déjà lourd. Personne dans la famille n'a compris pourquoi, au milieu d'une demi-douzaine d'enfants et d'une douzaine de cousins, tous normaux et travailleurs, il était devenu le voyou que voilà.

A quinze ans, des fugues. A seize ans, il volait des pièces détachées dans le garage de son père. A dix-sept ans, il jouait les souteneurs avec une petite amie et à dix-huit ans il était surpris par la police avec sa bande en train de piller un entrepôt. Une bande qui n'en était pas à son premier coup et dont Colas était le chef. Deux commerçants de la ville le reconnaissaient sans hésitation, il avait vidé leur tiroir-caisse sous la menace d'un cric.

Le butin, planqué dans le garage du père, provenait aussi de trois vols avec effraction dans des villas inoccupées. Résultat: cinq ans de prison dont une partie venait d'être placée sous condition, avec contrôle d'un éducateur et séjour obligatoire chez la grand-mère à 80 kilomètres d'Avignon. Martial, le père, complètement dérouté devant le dernier de ses enfants, croyait encore à un sursaut de sa part. Il avait des raisonnements simples :

« Écoute, Colas, tu as vingt ans ! C'est trop bête de gâcher sa vie à vingt ans ! Apprends un métier, bon sang ! Vis comme tout le monde, tu verras que ce n'est pas si mal. Tu as rendu ta mère malade de honte ! Un peu plus et la police me croyait complice ! Tu crois que c'est agir en homme, ça ? Tu es grand, costaud, intelligent. Quand tu étais petit, le maître d'école disait que tu irais loin si tu voulais. Je ne comprends pas !

— Cherche pas à comprendre, j'ai pas voulu, c'est tout !

— Tu me promets de bien te conduire avec la grand-mère ?

— Écoute, papa. Dans un an je serai majeur, et dans un an je me tire d'ici ! Alors, arrête de me parler comme à un môme. Pour l'instant, je suis coincé, d'accord. Alors, tu rentres chez toi et à un de ces jours ! »

On ne peut être plus aimant, et la colère monte au visage du père.

« T'as beau avoir vingt ans, si tu me parles encore sur ce ton, je te botte les fesses ! »

Et, sur le pas de la porte, la grand-mère grommelle :

« Au lieu de le dire, tu aurais dû le faire plus souvent ! Allez, va mon fils, rentre chez toi et ne t'inquiète pas. Ce petit crétin va en rabattre. J'ai du travail pour lui, et quand il aura fini sa journée, crois-moi, il aura plus envie de dormir que de discuter !

— L'éducateur viendra tous les mois, maman,

et s'il y a le moindre problème, préviens-nous immédiatement.

— Mais oui, mais oui. Allez, ne t'inquiète pas. Je ne suis pas seule, le chien est là. Il court plus vite que moi et plus vite que lui. Si ton gredin de fils fait le malin, ce n'est pas moi qui lui botterai les fesses, c'est Gaston qui les lui mordra. »

Gaston, quel drôle de nom pour un chien. Gaston est un grand chien noir, à poil long, mâtiné de groendael, aux yeux vifs et jaunes. Colas l'a connu tout petit, un chiot comme tous les chiots, joueur et attendrissant. Cinq ans plus tard, il a l'impression de rencontrer un fauve. Le père le prévient :

« Méfie-toi de lui, elle a raison, la grand-mère. Il n'obéit qu'à elle et c'est le genre sournois. Il y a six mois de ça, il a découpé le mollet d'un maraudeur. Et en plus, il a ses têtes. »

Gaston a ses têtes, effectivement. Et rien ne dit pour l'instant que la tête de Colas lui revienne. Debout dans les jupes de sa maîtresse, il observe, museau pointé sur l'arrivant, oreilles immobiles. Colas tente de jouer les fiers-à-bras avant le départ de son père.

« Une grand-mère et un clébard en guise de maton ! On aura tout vu. Et si on les muselait tous les deux ? »

Avant que le père ne réagisse à cette muflerie gratuite, la grand-mère et le « clébard » en question prennent les devants. La grand-mère d'abord, sur un ton qui fait gronder le chien.

« Ta chambre est au premier ! File te changer ! J'ai cinquante cageots de pêches à remplir et ça n'attend pas ! Pour un fainéant comme toi, l'après-midi n'y suffira pas. »

Gaston gronde encore. Une sorte d'approbation au ton de sa maîtresse. Et si Colas hausse les épaules en montant l'escalier, le père remarque bien qu'il se retourne légèrement pour surveiller ses arrières. Alors il sourit. Il ne sait pas que la violence n'annule pas la violence, au contraire. Et il s'en va, ignorant qu'il laisse derrière lui une sorte de bombe à retardement. Comment pourrait-il s'en douter? Sa propre mère, son propre fils?

La grand-mère a reçu la visite du maire la première semaine, puis celle des gendarmes venus contrôler la présence de Colas à son domicile et lui rappeler les conditions de sa liberté. Ils ont vu un jeune garçon renfermé, répondant par oui ou par non, le regard en dessous. Le maire a dit:

«Tu ressembles à ton père. Je t'ai connu tout petit. Une fois, tu as fait démarrer mon tracteur. T'avais à peine sept ans. Ta grand-mère en a eu une de ces peurs!»

Les gendarmes, eux, se sont préoccupés du travail et la grand-mère les a renseignés.

«Pour l'instant, il s'occupe des fruits. Y en a pour un bon mois. Il travaille avec le fils Petit. C'est lui qui se charge du transport. Colas ne s'occupe que du ramassage et je lui apprends à calibrer. A l'automne, il donnera la main au couvreur pour la réfection de la grange. Et j'ai aussi le poulailler à refaire, sans compter les cabanes à lapins et le bois à rentrer. C'est plutôt l'hiver qui me tracasse. Enfin, on n'en est pas là.»

La dernière semaine, le fils Petit, celui de la ferme voisine, a raconté chez lui qu'il avait vu arriver la «fiancée» de Colas.

«Une drôle de Parisienne, avec de la peinture

partout sur la figure. Elle s'est présentée sans crier gare avec une valise! Fallait voir la tête de la grand-mère! Elle t'a flanqué ça à la porte, ça a pris cinq minutes. Et le Colas s'est fichu en rogne, il a dit que la fille coucherait là, que la vieille le veuille ou non! Alors la vieille l'a flanqué dehors lui aussi, elle leur a dit d'aller coucher dans la grange comme des animaux. »

Ils ont dormi dans la grange, en effet, le premier soir. C'était le 7 juillet. Le 8 au matin, le fils Petit a pu observer, en venant chercher Colas, que la grand-mère avait bouclé tous les volets. La fille, une de la ville, a traîné un moment autour du verger avec un transistor collé à l'oreille. Dans l'après-midi, à la reprise du travail, Colas est sorti de la grange l'air narquois, un peu débraillé. La grand-mère observait derrière les fenêtres de la cuisine. Le chien veillait devant la porte. Le fils Petit est rentré chez lui vers huit heures du soir, il n'avait rien vu d'autre, sauf que la maison était fermée. Et il s'est dit: Je me demande où ils vont manger, ces deux-là. La vieille n'a pas l'intention de mettre un assiette de plus!

Le 9 juillet au matin, le fils Petit est arrivé comme d'habitude, à sept heures, avec la camionnette de la coopérative. Il a appelé, cogné à la porte de la maison, puis à celle de la grange, mais personne n'a répondu.

Pourtant, il entendait le chien aboyer furieusement à l'intérieur. Alors, il a fait le tour des bâtiments et s'est rendu compte qu'une fenêtre du premier étage n'était pas fermée, les volets forcés, la vitre cassée... Il a prévenu chez lui et, avec son père, ils sont revenus une demi-heure plus tard avec les gendarmes.

Le chien aboyait toujours. Il a fallu forcer la

porte d'entrée. Le drame s'était passé dans la cuisine. La grand-mère était allongée par terre, elle tenait encore serré contre elle un pique-feu. Frappée à la nuque avec une bûche, à deux doigts de la mort, elle respirait faiblement.

Devant elle, grondant, les dents terribles du chien continuaient à la défendre. Pourtant l'animal était blessé lui aussi, à coups de couteau, et il traînait une patte cassée.

Dans le couloir, Colas était mort, saigné à la gorge, couvert de morsures au visage, aux bras et aux jambes. Non loin de lui, sa compagne, Juliette, dix-neuf ans. C'est elle qui tenait le couteau. Horriblement mordue au visage, inconsciente, elle n'a pu parler que le lendemain, mais pour mentir. Selon elle, le chien les avait attaqués sans prévenir et ils n'avaient fait que se défendre. Elle mentait, croyant la grand-mère morte de sa blessure.

Mais à soixante-six ans, Marthe Taupin avait encore de la ressource. Après un coma de vingt-quatre heures, les yeux bandés, car le coup porté avait sérieusement atteint le nerf optique, elle a pu raconter:

«Je les ai entendus grimper sur le toit et démolir les volets de la chambre du premier. J'avais dit à Colas que je ne voulais pas de cette fille dans la maison, ni aucun de ses copains, et que, si elle ne partait pas, je préviendrais les gendarmes. Ils sont passés par la fenêtre. J'ai entendu du chahut dans la chambre, le chien grognait depuis un moment. J'ai pris le pique-feu et j'ai attendu qu'ils descendent. Je me doutais qu'ils viendraient dans la cuisine pour manger. Colas est descendu le premier, il m'a insultée, m'a traitée de vieille bique ou je ne sais quoi. J'étais devant la cheminée, le chien devant moi, je le tenais par le collier. La fille est arrivée décoiffée, à peine vêtue, une honte... C'est elle qui a pris le couteau dans le tiroir du buffet. Elle disait à Colas qu'elle allait me mettre au pas et le chien aussi. Quand elle s'est approchée, j'ai lâché Gaston et il a bondi sur elle. Elle s'est mise à crier à Colas :

— Tue la vieille, tue-la !

— Si elle n'avait pas crié ça, j'aurais arrêté le chien, mais Colas est devenu fou, il a pris une bûche, il s'est avancé et il m'a dit :

— Arrête-le ! Arrête ton sale chien ou je cogne !

— Après, je ne sais plus. Il m'a frappée, j'ai voulu crier, j'ai appelé mon chien, je crois, j'ai vu tout blanc et plus rien. »

Juliette n'a eu la vie sauve qu'en frappant le chien à coups de couteau et en se réfugiant dans le couloir dont elle a réussi à coincer la porte à demi. Le chien l'avait d'ailleurs abandonnée pour se jeter sur Colas au moment où il attaquait sa maîtresse.

La gendarmerie a dû l'abattre. On ne se priva pas de dire au village que ce chien-là était un tueur en puissance. Mais ce voyou-là, mort sous les crocs de ce tueur-là, qu'était-il, lui, en puissance ?

LE MINABLE

GAO, au Soudan, en 1958. Dans le petit mess qui jouxte les bâtiments de l'aéroport militaire, le sergent d'aviation Sylvain Fabian, les sourcils froncés, relit pour la troisième fois la lettre qu'il vient de recevoir de Toulouse.

Mon cher fils, c'est moi qui dois prendre la plume, car ta mère vient de se casser la jambe, elle est en clinique à Toulouse.

Grand, athlétique avec un beau profil en lame de couteau, le sergent Fabian sait qu'il est l'orgueil de sa mère et son unique joie. Elle lui écrit chaque semaine, aussi la missive de son beau-père l'inquiète : une jambe cassée n'interdit pas d'écrire. Pourvu que son beau-père ne lui cache rien ! Il écrit pour demander une explication et reçoit la réponse :

Mon cher fils, rassure-toi. Ta maman est simplement tombée dans l'escalier, elle ne t'écrit pas elle-même parce qu'elle s'est foulé le poignet droit. A part cela, il ne s'agit bien que d'une jambe cassée.

Les deux lettres suivantes sont encore écrites par son beau-père. Dans la première, il s'enthousiasme pour le prochain emploi de rédacteur qu'on lui a promis au journal *La Dépêche;* dans l'autre, il s'inquiète:

Mon cher fils, nous n'avons pas eu de nouvelles de toi cette semaine. Je t'en prie, écris à ta maman, tu sais qu'elle ne vit que pour tes lettres.

Le sergent Fabian n'a pas grande estime pour son beau-père, toujours à la recherche de la situation mirifique qui lui permettra enfin d'assurer à sa mère la vie paisible à laquelle, comme toute femme, elle a droit. L'éternelle attente, la course à la chance qui ne sourit jamais.

De plus en plus, le sergent pense qu'un poignet foulé, après quatre semaines, cela n'empêche pas d'écrire, c'est pourtant le beau-père qui continue de « prendre la plume », comme il dit:

Mon cher fils, je ne commence mon travail à La Dépêche *qu'à la fin du mois. Voudrais-tu m'envoyer 35 000 francs pour payer les frais de clinique ?*

Lorsque le vaguemestre tend au sergent Fabian la septième lettre, celui-ci pâlit en voyant que l'écriture est encore celle de son beau-père.

Mon cher fils, ta maman m'a quitté, elle est partie avec un autre homme en emportant 800 000 francs.

Fin août 1958, dans les environs de Compiègne, deux chasseurs battent les collines. Ils sursautent en apercevant un cadavre sous des branches mortes. C'est un corps de femme, reposant sur le dos, qui semble avoir été traîné par les jambes jusqu'au sous-bois, ainsi qu'en témoigne la combinaison noire roulée dans le dos.

Cette combinaison est d'ailleurs tout ce que porte la victime, à l'exception d'une bague à la main gauche. A première vue, elle a été entièrement dépouillée de ce qui pourrait servir à l'identifier.

Lorsque le commissaire Lurs, avec sa pipe en terre et ses yeux globuleux, prend l'affaire en main, il ne dispose que d'un seul élément valable: la prothèse dentaire — en l'occurrence un bridge — que le médecin légiste a prélevé dans la bouche de la malheureuse.

« A part cela, rien ! conclut le médecin légiste, sinon des traces de strangulation. La main de l'assassin devait être grande, puissante, celle d'un homme qui a déshabillé la victime avant le crime.

— Violée ?

— Non ! simplement maltraitée. »

Évidemment, il est tentant de rapprocher les deux affaires : le silence subit à Toulouse de la mère du sergent Fabian et l'étrange attitude de son mari, puis la découverte de ce cadavre inconnu à l'orée de la forêt de Compiègne. Or, elles sont effectivement liées, mais pas du tout comme on pourrait l'imaginer.

Que la mère du sergent Fabian soit partie avec un autre homme, soit; mais qu'elle ne lui ait jamais écrit paraît tout à fait invraisemblable au jeune sous-officier qui décide de tirer la chose au clair. Il profite de quatre mois de permission en métropole pour mener son enquête. D'abord auprès de son beau-père, René Joubert, la cinquantaine, le front dégarni et les tempes blanches, qui a toujours eu la réputation d'un cavaleur :

« Mon pauvre Sylvain, cette réputation c'est du réchauffé. Oui, autrefois, je profitais des occasions, mais avec l'âge cela m'a bien passé. »

Dans la petite salle à manger du meublé plutôt

minable où René Joubert semble vivre seul, le sergent se sent mal à l'aise.

« Comment se fait-il que maman ne m'ait rien dit ?

— Je ne sais pas. Moi-même, cela m'étonne ! Tu sais qu'elle ne vivait que pour toi. Qu'est-ce qui a bien pu se passer dans sa tête ? »

L'homme regarde son beau-fils en inclinant tristement un front lourd de sous-entendus, puis il allume une cigarette :

« Remarque, je me console en pensant que cela devait arriver... Elle en a eu assez de la vie que je lui faisais mener.

— Mais enfin, comment cela s'est-il passé ?

— Elle a connu ce type à la clinique. Un imbécile, à mon avis. Mais pas trop mal conservé pour ses cinquante ans. Et, surtout, du fric ! Bien sûr, c'est pas Rothschild, mais pour elle c'est la fin des soucis. Là où je lui en veux, c'est la façon et le moment : juste quand j'allais avoir une situation à *La Dépêche*. Je rentre un soir, et je trouve l'armoire vide, les deux valises parties. Elle avait mis les voiles en emportant toutes ses frusques et les économies ! Je suis dans une belle mouise.

— Et *La Dépêche* ? Ils te feront bien une avance ? »

Le beau-père hoche la tête :

« *La Dépêche*, j'ai laissé tomber, je n'ai plus le cœur à rien. »

Le sergent se lève avec un geste d'agacement :

« Ce que je ne comprends pas, c'est qu'elle soit partie sans me l'écrire. »

René Joubert, sans quitter sa chaise, se retourne et prend une lettre dans un tiroir du buffet :

« Si, tout de même, elle a laissé ce mot. »

Le jeune sergent, ému, reconnaît l'écriture de sa mère :

René, je m'en vais. Ça ne t'étonnera pas. Je préviendrai Sylvain. Adieu. Signé : *Évelyne.*

« C'est tout ?

— Oui.

— Mais pourquoi ne m'a-t-elle pas écrit ? Pourquoi ?

— Je ne sais pas. Peut-être sont-ils en voyage ! Demande à ton père. Moi, tu sais, depuis qu'elle avait rencontré ce type, on ne se parlait plus beaucoup. »

Le sergent s'en va. Il n'a pas le courage de saluer son beau-père qui reste longtemps debout dans l'ouverture de la porte.

De son père, le sergent a hérité la grande silhouette athlétique et le visage en lame de couteau. Heureusement, il ne lui a pas pris les attitudes molles, le regard un peu fuyant, la modestie exagérée et pleurnicharde, qui enrobe chacune de ses phrases :

« Non, je ne sais pas où est ta mère. »

Lorsqu'il lui parle de « sa mère », Fabian père ne peut réprimer une sorte de petite grimace, comme si un goût amer lui envahissait la bouche.

« D'ailleurs, pourquoi diable voudrais-tu qu'elle m'ait donné son adresse ?

— Et tu n'as pas la moindre idée de l'homme avec qui elle est partie ?

— Comment voudrais-tu que je le sache ! Je n'ai pas revu ta mère depuis plus de six mois, à l'enterrement de l'oncle Edmond. »

L'homme est vraiment pitoyable. Il a épousé la mère du sergent lorsqu'elle avait dix-neuf ans, après lui avoir fait un enfant : Sylvain. Ils étaient camarades d'école. Lui, déjà pas très ambitieux et pas très dynamique non plus. L'existence du couple fut sans histoires et sans grande joie, jusqu'à la guerre. Il est alors parti comme tout le monde et, comme beaucoup, fait prisonnier un an plus tard et envoyé dans les mines en Silésie. Il murmure :

« Lorsque je suis revenu, elle ne m'avait pas attendu. Comment lui en vouloir ? Cinq ans pratiquement sans nouvelles, cinq ans sans savoir si je reviendrais. A mon retour, mis au courant de sa liaison avec René Joubert, j'ai demandé le divorce. J'étais aigri, découragé surtout. »

Là-dessus, le père se tait quelques instants. Puis, faisant un effort manifeste, il regarde le jeune homme droit dans les yeux :

« Aujourd'hui je peux te le dire, je le regrette. J'aurais dû me battre, l'empêcher de faire cette folie : épouser cet escroc à la petite semaine !

— Allons, papa, ne t'énerve pas.

— Je ne m'énerve pas, je dis la vérité. A cette époque, elle était représentante en appareils ménagers et gagnait très bien sa vie. Lui changeait de travail tous les jours et courait après les filles. Depuis leur mariage, il vivait à ses crochets ! Et beau parleur, avec ça ! Dix fois elle a voulu le quitter, dix fois il l'a reprise en lui faisant des promesses mirobolantes. Quand je pense qu'il vous a même emmenés au Maroc où soi-disant il allait faire fortune... »

Le sergent se souvient de cet épisode marocain : du retour, surtout, sans le sou, sans rien, juste leurs brosses à dents.

« C'est vrai, papa, c'est vrai. Mais qu'est-ce que tu veux, je n'arrive pas à lui en vouloir, je crois qu'il l'a beaucoup aimée. »

Nouveau silence. Le père du sergent conclut :

« Peut-être. Mais je pense plutôt qu'elle était sa « chose », l'ornement de sa vie, sa fierté, sa distraction et son moyen d'existence. Évidemment, on n'accepte pas facilement de perdre tout cela en même temps.

— Qu'est-ce que tu veux dire ? »

Encore un silence, lourd, plein de sous-entendus, et finalement une phrase tombe :

« A ta place, Sylvain, j'irais voir à cette clinique.

— Pourquoi ?

— Eh bien, ne serait-ce que pour avoir l'adresse de ce type qu'elle y a rencontré. »

A la réception de la clinique, la jeune infirmière responsable de l'accueil sourit au jeune sous-officier :

« Vous dites Mme Joubert ? Vers quelle date ? Janvier ? Voyons, Joubert... Joubert... »

Son doigt parcourt de haut en bas les pages « entrées » et « sorties » qu'elle tourne l'une après l'autre.

« Vous êtes sûr qu'elle est entrée sous ce nom ? »

Après avoir épluché en long et en large le gros livre, elle interroge la comptabilité, car Sylvain a précisé :

« ... 35 000 francs. Il paraît qu'il y avait pour 35 000 francs de frais de clinique ! »

Finalement, une enquête minutieuse révèle qu'aucune Mme Joubert n'a été soignée dans l'établissement.

« Mais il y a d'autres cliniques à Toulouse », conclut le directeur.

Comme la même scène se reproduit partout, le sergent Sylvain Fabian se précipite à la police pour signaler la disparition de sa mère.

Le commissaire Lurs écoute attentivement, en

fumant une longue pipe en terre, le jeune sous-officier d'aviation venu lui signaler la disparition de sa mère. Le beau sergent athlétique, visage en lame de couteau, lui trouve un air bizarre.

Pourquoi les yeux globuleux du policier ont-ils cet air absent? Pourquoi ce mutisme? Parce qu'il se produit à ce moment une authentique mais étonnante coïncidence sans laquelle probablement l'affaire n'aurait jamais été éclaircie.

Quarante-huit heures plus tard, le commissaire Lurs sort de son bureau, serrant dans sa poche un objet en or doublement précieux, parce qu'il est le seul indice relevé sur le cadavre d'une femme étranglée un an plus tôt dans la forêt de Compiègne: un bridge.

Devant l'insuffisance des indices, l'affaire avait été classée. C'eût été le crime parfait si l'Administration n'avait, trois mois plus tard, muté le commissaire Lurs, de Compiègne, à Toulouse. Là, quelle n'a pas été sa stupeur d'entendre le jeune sergent lui commenter la disparition de sa mère, demeurant précédemment à Toulouse, mais dont le signalement semble correspondre à celui de l'inconnue de Compiègne...

Le commissaire entreprend donc la visite des dentistes de la ville. Après quelques échecs, l'un d'eux, tournant et retournant le bridge, décroche le téléphone.

« Allô, c'est vous, Rémy?... Venez voir, s'il vous plaît. »

Quelques instants plus tard, le mécanicien-dentiste, qui travaille dans l'atelier installé à l'autre bout de l'appartement, entre dans le cabinet.

« Rémy, est-ce que vous reconnaissez votre travail ? »

A son tour, le dénommé Rémy tourne et retourne l'appareil.

« Oui, docteur, c'est moi qui l'ai fait.

— Merci, Rémy, c'est ce que je pensais. »

Le chirurgien-dentiste, bien organisé, fouille alors dans un classeur pour en sortir une fiche qu'il tend au mécanicien :

« Vous avez gardé l'empreinte, Rémy ?

— Oui, docteur.

— Allez la chercher, s'il vous plaît. »

Quelques instants plus tard, aucun doute ne subsiste : le bridge s'adapte parfaitement à l'empreinte en plâtre du mécanicien-dentiste.

« La cliente, déclare alors le praticien, s'appelle Évelyne Joubert, quarante-trois ans, demeurant rue du Canal à Toulouse... Sans indiscrétion, commissaire, où avez-vous trouvé ce bridge ?

— Sur son cadavre, il y a cinq mois, dans la forêt de Compiègne. »

Un quart d'heure plus tard, le commissaire Lurs fait irruption dans le meublé minable où loge le beau-père de Sylvain pour l'interroger. Lorsqu'il apprend l'assassinat de sa femme et la coïncidence des dates, il proteste :

« Ce n'est pas moi ! Ma femme m'a vraiment quitté. Tenez ! »

Et il sort devant le commissaire le bref adieu manuscrit d'Évelyne, qu'il a déjà montré à son beau-fils.

« Mais alors, pourquoi inventer cette histoire de jambe cassée ? »

L'homme hésite à répondre tellement l'aveu est méprisable :

« Elle m'a laissé sans le sou, j'avais besoin

d'argent... Pour que Sylvain m'en envoie, il fallait bien que je lui donne une raison. »

Les yeux globuleux et la pipe en terre font face au visage en lame de couteau du jeune sergent d'aviation qui vient d'apprendre l'assassinat de sa mère :

« Bien sûr, explique le commissaire. J'ai aussitôt fait arrêter votre beau-père. Mais je vais être obligé de le relâcher si je n'ai pas d'autres présomptions.

— Non, monsieur le commissaire. Que ma mère l'ait quitté, c'est possible ; mais qu'elle ne m'ait pas écrit, c'est impossible ! Et il le sait...

— Qu'est-ce que vous voulez dire ?

— S'il a inventé cette histoire de jambe cassée, c'est parce qu'il savait que ma mère ne m'avait pas écrit et qu'elle n'écrirait pas... qu'elle ne pouvait plus m'écrire. »

Voyant, dans le visage décomposé du jeune homme, la haine qui brusquement l'anime, le commissaire conclut :

« Vous devez avoir raison... L'assassin, c'est lui... Par jalousie, sans doute. »

C'est à Paris que le jeune sergent a retrouvé la trace de sa mère. Fuyant son lamentable époux, Évelyne avait décidé de vivre loin de lui. Elle s'apprêtait à en informer son fils lorsque le « lamentable époux » la retrouva sans peine et la convainquit d'aller faire un tour en forêt de Compiègne, pour s'expliquer une dernière fois. Il est des hommes incapables de vivre sans un support nourricier. Que celui-ci menace de disparaître, et cela leur devient intolérable. Toute leur énergie a été consacrée au maintien de ce support. Trop paresseux, trop veules pour faire une autre carrière que celle de parasite, trop lâches pour accepter la défaite et le retour à la vie solitaire, ils choisissent de supprimer le support, de tuer, pour que personne d'autre n'en profite à leur place. Des minables. Le minable confondu a fini par avouer. Ainsi vont les minables, de lâcheté en aveu pleurnichard, rampant sur la vie des autres, et détruisant les autres pour exister.

RIEN NE VA PLUS

SUR les ruines de Berlin-Ouest, il est à présent des jardins. De vraies cités-jardins, avec de jolies maisons neuves et des allées bordées d'arbres. En 1960, les arbres sont jeunes, vingt ans à peine, et les habitants des cités aussi. Ce sont des employés de bureau, des commerçants, des ouvriers. Ils se connaissent tous, leurs enfants fréquentent les mêmes crèches et les mêmes écoles. Et il arrive, comme ce soir, 3 avril 1960, que tout ce petit monde bien tranquille décide de faire la fête. La fête du printemps, pour saluer la douceur du temps et les fleurs revenues.

Ce soir, donc, il y a bal à la cité-jardin. Un bal improvisé au milieu des arbres. Les bancs publics serviront de buvette et les danseurs occuperont la rue. Les autres, ceux qui regardent, vont s'asseoir sur les bordures du trottoir ou, plus malins, amèneront avec eux le tabouret de jardin, le casse-croûte et la bière. En tout, une trentaine de personnes ; parmi elles, Horst Hekel, vingt-cinq ans, sa femme Renata et les parents de Horst. Ils sont fiers de leur fils : un beau et grand gaillard, récemment engagé dans la police de Berlin-Ouest. Une police triée sur le volet, où l'on n'entre qu'après avoir subi des tests et des examens de toutes sortes. Pour le garçon, c'est la certitude d'un emploi stable et d'un salaire convenable; un bel uniforme et de la respectabilité.

Ce soir, Horst Hekel est en civil. Renata inaugure une jolie robe rouge, large et bien serrée à la taille, avec un énorme jupon en dessous, comme le veut la mode. Elle adore danser, elle est jeune, insouciante, un peu trop, mais à vingt-deux ans on a droit à l'insouciance.

Tableau de famille des Hekel: la mère, assise sur un pliant, les mains posées sur les genoux, profite du spectacle. Le père, debout derrière elle, une canette de bière à la main, visage un peu dur, dit à son fils:

«Mes vingt ans, à moi, c'était la guerre, on avait autre chose à penser.»

Le fils, souriant, la même canette de bière à la main, trinque avec son père:

«Allons, papa, c'est le printemps, n'y pense plus. C'est quand même pas notre faute si on a vingt ans en temps de paix!»

Renata, elle, tourbillonne autour de son mari.

«Tu danses ou tu discutes? Allez, viens!»

Elle veut l'entraîner, mais il résiste:

«Attends un peu, voyons; laisse-moi finir ma bière avec papa.»

Elle insiste. Mais dans ce genre de bal, parfois, les hommes préfèrent boire et discuter. Horst et son père boivent et discutent depuis un bon moment. Alors, la jeune femme quitte le tableau de famille où elle s'ennuie et sort du cadre pour aller danser ailleurs.

Ce qui va suivre est apparemment le résultat de son échappée, de cette danse endiablée avec un autre, qui fait voltiger sa robe rouge et noircir l'œil de son beau-père.

« De mon temps, une femme ne dansait qu'avec son mari ! »

Les jeux sont faits, rien ne va plus dans ce petit bal du samedi soir.

Au milieu des rires et du grincement du pick-up que l'on maltraite, Renata rejoint le tableau de famille. Elle a chaud, elle transpire, ses cheveux bruns sont ébouriffés, ses yeux brillent de plaisir.

Une gifle magistrale la cueille au vol, sans préavis ni explication, le père a frappé. La mère fait :

« Ho... »

Le fils ne bronche pas. Son regard n'est pas très net, la bière embrouille un peu ses idées. Il cherche quelle attitude prendre devant le geste brutal de son père. Après tout, c'est lui le mari. C'est à lui de se sentir vexé, s'il y a lieu.

Autour d'eux, les danseurs, d'abord surpris, ronchonnent. Il est facile de deviner ce qu'ils pensent : « D'où sort ce vieil imbécile démodé ? Est-ce qu'on gifle une fille dont le seul crime est d'avoir dansé avec un garçon de son âge ? Elle n'a rien fait de mal ! Son mari n'a d'ailleurs pas protesté ! »

Au bord des larmes, Renata agresse son beau-père.

« Qu'est-ce qui vous prend ? Vous êtes fou ?

— Tu ridiculises ton mari ! Je te prie de te tenir correctement !

— Mais je me tiens correctement ! On est venus pour danser, non ? Je ne vais pas passer la soirée à vous regarder boire, tout de même ! »

Horst Hekel est en principe un homme calme et pondéré. Les tests qu'il a passés avant d'entrer dans la police le prouvent. Il tente d'apaiser sa femme.

« Ne t'énerve pas. Inutile de nous donner en spectacle...

— Ben voyons. Tu laisses ton père me gifler et c'est à moi de ne pas m'énerver ? »

Horst a un regard désemparé, que sa mère saisit au vol. Elle entraîne la jeune femme en lui murmurant des explications. Le père ne décolère pas.

« Et voilà, j'ai tort ! C'est moi qui ai tort, maintenant ! C'est un comble ! Horst, mon fils, tu es bien trop conciliant. Vous êtes tous pareils, vous les jeunes ! Plus d'honneur, aucun respect pour rien !

— Mais si, papa... mais si... elle ne s'est pas rendu compte... Je t'en prie, calme-toi... elle ne le fera plus... allez... bois ta bière.

— Et tu n'as même pas envie d'aller casser la gueule à ce type ?

— Laisse tomber, papa. C'est la fête ce soir, je ne vais pas casser la gueule à tous ceux qui vont danser avec ma femme, elle aime ça... et moi pas tellement.

— Ce n'est pas une raison ! Ta mère n'aurait jamais osé ! La moindre des choses est de demander la permission au mari, tout de même !

— Oh ! tu sais, les permissions ! On ne vit plus comme ça, maintenant. Allez viens ! Viens, je te dis. Arrête de regarder les gens comme ça. Personne ne t'en veut !

— Il ne manquerait plus que ça ! »

La musique reprend, Horst entraîne son père, Renata se mouche dans les bras de sa belle-mère. Le calme revient peu à peu dans le tableau de famille, mais la tension ne retombe pas vraiment. L'alcool l'entretient, sournoisement. Un petit groupe s'est formé autour du malheureux danseur, quelques jeunes gens énervés commentent l'affaire. Dieu sait pourquoi, ils se sentent vexés par cette gifle. C'est Renata qui l'a reçue, pas eux. Et il s'agit d'une histoire de famille, en principe.

Mais les regards furibonds du père, son mépris un peu stupide pour les mœurs d'une génération qui ne le concerne plus méritent, à leur avis, une mise au point.

Après quelques minutes de faux calme, alors que les danseurs se retrouvent et que Renata boude dans un coin avec Horst et la belle-mère, le père se trouve tout à coup isolé au milieu d'un groupe de jeunes. Légère bousculade et réflexions agressives :

« Alors, vieux schnok ? On se prend pour Zorro ? On est jaloux de la petite ? C'est facile de taper sur une femme, hein ? Et si tu essayais avec nous, pour voir ? Qu'est-ce que t'en dis ? »

Il y a là deux frères, Kurt et Jean Kubalcyk, des voisins, les plus âgés du groupe. Ils ont trente et un ans et trente-deux ans. Avec eux, trois ou quatre plus jeunes, dont le danseur de Renata. Ils tapent dans leurs mains, font des singeries, se mettent à danser ensemble autour du père, en se moquant de lui, tandis que les deux frères, les deux meneurs de cette mini-expédition punitive, précisent leurs menaces :

« Et si on lui donnait une petite leçon, au vieux redresseur de torts ? Hein ? Juste une petite raclée pour lui apprendre à vivre... »

Alors le père crie. Il appelle le fils au secours :

« Horst, bon Dieu, fait quelque chose ! Tu es flic ou non ? »

Jusque-là, malgré les vapeurs de l'alcool et l'excitation du bal, les choses sont à peu près claires et les témoignages ne diffèrent guère. C'est après que tout se complique, et que plus personne ne sait comment cette bagarre stupide s'est transformée en tuerie.

Ce qui est clair, dans cette sombre soirée de bal du 3 avril 1960, c'est que tout d'abord le père Hekel, un homme de cinquante-sept ans, a giflé sa belle-fille et qu'ensuite, se sentant menacé par plusieurs garçons, il a appelé son fils au secours.

L'appel s'adresse plus au policier qu'au fils. Cette phrase : « Tu es flic oui ou non ?... » c'est un rappel à l'ordre, au responsable de l'ordre.

Horst Hekel, ce soir-là, n'est pas en service ; il est en civil. Un garçon comme les autres, venu au bal comme les autres, dans la rue, parmi les voisins, les amis, pour fêter le printemps dans la cité-jardin. Comment pourrait-il se faire respecter dans ces conditions ?

Plusieurs témoins déclarent l'avoir vu courir vers sa maison, après l'appel du père, et ressortir l'arme à la main : son pistolet de service.

Il s'est ensuite précipité vers le groupe qui bousculait son père. A part ceux qui l'avaient vu ressortir de chez lui (deux ou trois témoins à l'écart de la bagarre), personne ne pouvait deviner qu'il était armé. D'ailleurs, la bagarre se généralisait. Il y avait ceux qui prenaient parti pour le père, ceux qui encourageaient les agresseurs ; la musique couvrait les cris, les insultes et les coups.

Horst Hekel, après la bagarre, est transporté sans connaissance dans une clinique. Son état est grave. Lynché par la petite foule, il n'a été sauvé que par l'arrivée d'une patrouille. Lorsqu'il reprend conscience, plusieurs jours après le drame, il ne se souvient de rien. L'alcool, les coups terribles qu'il a reçus ont bloqué sa mémoire.

Un inspecteur des services de police vient l'interroger dans son lit. En vain.

« Tu ne te rappelles vraiment de rien ?

— Non... rien. Je ne sais plus... J'ignore ce qui m'est arrivé... On était au bal... ça je m'en souviens... Après... je sais plus...

— Et ce que tu as fait ?

— Qu'est-ce que j'ai fait ?

— Écoute-moi bien, Horst Hekel, il y a eu une bagarre. »

Le jeune policier apprend, semble-t-il, pour la première fois toute l'histoire. Le médecin considère l'amnésie partielle, tout à fait certaine et logique, vu le taux d'alcoolisme et le lynchage. L'inspecteur en arrive à la partie la plus grave.

« Tu es rentré chez toi, tu as pris ton arme de service ; tu as tiré sur un homme, Kurt Kubalcyk, il est mort sur le coup. D'après ce que l'on sait, le frère, Jean, s'est précipité au secours de ta victime, et tu as tiré sur lui, presque à bout portant. La balle est entrée dans l'épaule gauche, elle a traversé tout le corps et il est mort pendant son transport à l'hôpital.

— Ils sont morts tous les deux ? J'ai tiré sur eux ? Moi ?

— Tu l'as fait. Alors ils se sont jetés sur toi, la famille des victimes, leurs copains, tout le monde s'est jeté sur toi. Ton père affirme que tu as agi pour le défendre, il dit que sans toi les deux frères l'auraient frappé à mort.

— Je ne sais pas, je ne me souviens de rien.

— Tu es un policier assermenté, tu dois dire la vérité.

— Je vous jure que je ne sais rien, je me suis réveillé ici.

— Officiellement, tu es en état d'arrestation. Dès que les médecins le permettront, tu seras transféré en prison. Et, bien entendu, radié des services. J'espère que l'enquête éclaircira tout ça, mais, si tu n'as pas agi en état de légitime défense, c'est fichu pour toi. Tu as tué deux hommes. »

Horst Hekel tourne et retourne dans sa tête la terrible évidence. Il a tué deux hommes. Il est un meurtrier et il ignore tout de ses meurtres. Avait-il ou non conscience de ses actes ? Était-il ivre au point de perdre son sang-froid ?

La réponse lui vient de deux médecins experts :

« Au moment du meurtre, Horst Hekel était inconscient, incapable d'agir logiquement, donc irresponsable. Il n'a pas l'habitude de boire autant. Le taux très élevé d'alcool explique cet état momentané d'inconscience maladive. »

Autrement dit, selon l'article 51 du Code criminel allemand, Horst ne comparaîtra pas devant un tribunal, puisqu'il est non seulement considéré comme irresponsable, mais amnésique.

Après un an de prison préventive, il retrouve la liberté, rentre chez lui et décide de contester la mesure de radiation dont il est victime. Jugé innocent, il n'accepte pas d'être licencié.

Le ministère public rejette une première fois sa plainte, puis accepte la décision du juge, et Horst Hekel est réintégré dans les services de police. Il comprend tout de même que l'Administration l'affecte à un autre poste et le prive de port d'arme. C'est la moindre des choses.

Et il se croit tranquille. Mais dans la famille de ses victimes, on n'accepte pas la décision. La veuve de Jean Kubalcyk porte plainte contre le tribunal qui a rendu le verdict d'irresponsabilité devant la cour d'appel. Son avocat avance qu'il est anormal de ne pas faire comparaître le meurtrier devant une cour d'assises et conteste les conclusions de deux médecins experts.

En 1963, Horst Hekel, par décision de la cour d'appel, est à nouveau inculpé de meurtre et fait l'objet d'un nouveau mandat d'arrêt. Il est à nouveau radié des services de police et se retrouve en prison préventive. Motif : les deux médecins experts ne disposent pas d'assez de preuves pour conclure à l'irresponsabilité. L'audition en cour d'assises de tous les témoins est nécessaire ; d'autres experts sont nommés, le jury appréciera.

Le jury, souverain, a apprécié. Après un procès interminable et des batailles d'experts à n'en plus finir, Horst Hekel a été condamné à cinq ans de prison pour meurtre en état d'ivresse. Comme il en avait accompli une bonne moitié en préventive et que son état dépressif nécessitait une cure de repos et des soins psychiatriques, il a recouvré la liberté à trente ans ; une liberté sans métier, sans toit et sans femme. Renata avait obtenu le divorce, la police ne voulait plus de lui et la maison dans la cité-jardin, reprise par la société de crédit, abritait une autre famille. La roue avait tourné, ce soir de bal de printemps, dans le sens du gâchis irréversible.

UN AMOUR FOU

Dès qu'il entend tourner sur ses gonds la petite porte qui s'ouvre dans la majestueuse grille du parc, le maître d'hôtel du milliardaire brésilien Gilberto Samoa jette un coup d'œil par la fenêtre de l'office situé en sous-sol. « Si j'avais su... Mon dieu, si j'avais su, dira-t-il plus tard, j'aurais été m'enfermer dans la cave ! »

Ce qu'il voit n'a pourtant rien d'inquiétant. C'est une femme grande, mince, élégante, qui suit la grande allée, perchée sur ses hauts talons quelque peu instables sur le gravier. Elle est même tout à fait rassurante, cette femme : un beau visage serein, d'immenses yeux clairs, les cheveux bruns soigneusement rassemblés sur la nuque en un énorme chignon, un tailleur gris, très strict. Elle gravit le perron d'une démarche légère et rapide qui ne marque pas la moindre hésitation.

La femme de chambre se hisse à son tour sur la pointe des pieds pour mieux voir par le soupirail :

« Elle doit venir pour la petite annonce.

— Pas mal, pas mal du tout, remarque le valet de chambre.

— Peut-être même un peu trop bien», remarque la cuisinière.

Quelques instants plus tard, le maître d'hôtel conduit la visiteuse au cœur du nuage de fumée de cigare qui plane dans le bureau du milliardaire, son maître. Elle s'appelle Greta Jurgen, elle a trente-neuf ans, elle est d'origine allemande.

Au maître d'hôtel de retour à l'office, la femme de chambre demande:

«Alors?

— Alors il va l'engager, c'est sûr.»

La femme de chambre, toujours un peu midinette, marmonne:

«Il faut reconnaître que ça ferait un très beau couple.»

En effet, Gilberto Samoa engage sans hésiter Greta Jurgen. Ses états de service sont excellents et il n'espérait pas une femme de cette classe; la mission de Greta Jurgen est simple: elle doit veiller à l'éducation et à la bonne santé de la fille unique du milliardaire, veuf depuis six mois.

En bon milliardaire brésilien, Gilberto Samoa est toujours précédé d'une forte odeur de cigare. Il entre dans le bureau d'un commissaire de police à Rio de Janeiro. Les deux hommes tombent dans les bras l'un de l'autre pour se congratuler avec force embrassades comme le font tous les Américains du Sud. Puis chacun s'assoit: le commissaire derrière son bureau après avoir ajusté ses lunettes, et le milliardaire dans un fauteuil qui craque sous son poids. Non que Gilberto Samoa soit gros, mais il est grand, presque immense: 1,90 mètre, et c'est une armoire à glace. Il a commencé comme bûcheron avant de devenir forestier, propriétaire de scierie et maintenant de plusieurs usines de pâte à papier.

« Comment vas-tu ? demande d'une voix aiguë le commissaire dont le nez en pied de marmite est si petit qu'il soutient péniblement des lunettes qu'il doit relever sans arrêt d'une pichenette habile.

— Bien, répond le milliardaire. Enfin pas trop mal, si je n'avais un souci permanent, qui commence à me gâcher la vie. »

Et d'une voix calme, où transparaît un agacement mêlé d'humour, le milliardaire explique qu'il a engagé quelques mois plus tôt une Allemande dénommée Greta Jurgen pour s'occuper de sa fille unique. L'Allemande, une fort jolie femme de trente-neuf ans, a paru tout d'abord faire parfaitement l'affaire, à ceci près qu'elle n'arrivait guère à dissimuler la passion dont elle brûlait pour son employeur.

Évidemment, le nez en pied de marmite du commissaire se soulève légèrement, et ses lèvres s'entrouvrent pour laisser échapper un petit rire grinçant :

« Voilà ce que c'est que d'être bel homme ! Je ne risque pas pareille mésaventure. Il faut dire qu'en plus je ne suis pas veuf, que je n'ai pas de fille et que je ne suis pas milliardaire !

— Ne plaisante pas ! C'est beaucoup moins drôle que tu l'imagines. Bien au contraire, car elle me bombarde de coups de téléphone, de lettres, essaie de m'accoster dans la rue. Bref, c'est intenable, et je suis venu te demander la protection des autorités que tu représentes... »

Sur le visage du commissaire, le sourire sarcastique fait place à une envie de rire difficilement contenue, qui agace le visiteur :

« Mais ne ris pas, bon sang ! Je suis dans une

situation insupportable. Il faut faire quelque chose!

— Oui... oui... oui, je veux bien t'aider, répond le commissaire pouffant toujours... mais comment?

— Je ne suis pas policier, c'est à toi de trouver une solution.

— Bon... Eh bien, donne-moi une liste de témoins, j'irai les interroger et, si leurs déclarations font clairement apparaître que cette femme te nuit par son comportement, peut-être pourrai-je la faire mettre en état d'arrestation. Au fait, et ta fille, que devient-elle dans tout ça?

— Tina?... Je ne lui ai jamais fait de confidence à ce sujet, mais elle n'ignore rien. Elle est restée très attachée à l'image de sa mère et a été horrifiée par les assiduités de cette femme.»

Pas un frémissement sur les joues et le front bronzés et burinés du milliardaire, son œil noir devient fixe: il réfléchit.

«Pendant combien de temps pourras-tu la garder?

— Ne m'en demande pas trop... quelques semaines... Après tout, l'amour n'est pas un crime. Je pense que quelques semaines suffiront pour lui changer les idées. Crois-moi, en prison elle aura d'autres chats à fouetter.

— Bien, je te remercie.»

Et Gilberto Samoa se lève. Mais il a appris à connaître Greta Jurgen et ne semble pas convaincu par l'effet de quelques semaines de prison.

C'est ainsi que, le 3 juin 1949, l'Allemande est mise en état d'arrestation en dépit de ses protestations indignées. Trois jours plus tard, c'est au tour du commisaire de convoquer le milliardaire.

Après les embrassades habituelles, le policier déclare tout de go :

« Mon petit vieux, j'ai fait ce que tu m'as demandé, mais je ne peux pas garder cette femme sous les verrous. J'ai beau chercher pour t'être agréable, je ne vois rien à lui reprocher de sérieux. »

Comme le milliardaire pâlit légèrement, le commissaire ajoute :

« Et puis, de toi à moi, je connais beaucoup d'hommes que les assiduités d'une telle créature transporteraient de joie... A commencer par moi. Quelle beauté ! En la voyant, je me suis dit qu'après tout c'est toi qui détenais la solution...

— Ne plaisante pas, veux-tu ! Tu m'avais promis de la garder quelques semaines.

— Impossible... Il faudrait la traduire en justice, mais aucune loi dans le Code brésilien ne permet d'inculper une femme pour « amour passionné ». Heureusement ! Où irions-nous ?

— Mais enfin, les lettres, les coups de téléphone le jour et la nuit. Ça n'est pas de la persécution ?

— Je te répète qu'aucune loi dans le Code brésilien ne permet d'inculper, même pour un usage exagéré du téléphone, « du moment que ce « moyen n'a pas été utilisé pour proférer des « menaces de mort ou pour une tentative de chantage ». Même si elle te tenait au téléphone des discours érotiques, voire obscènes, je ne pourrais rien faire. Je suppose, d'ailleurs, vu le personnage, que ce n'est pas le cas : elle est la réserve et la distinction faites femme.

— Tais-toi, je t'en prie. Encore une fois c'est beaucoup plus grave que tu l'imagines : il ne s'agit pas seulement d'une femme amoureuse, elle est folle ! C'est une folle ! »

Le commissaire a réfléchi quelques instants. Le temps de réaliser qu'en effet, si l'on peut admettre que la passion obstinée de cette femme échappe à sa volonté, il faut admettre aussi, à l'inverse, que l'affection ne se commande pas et que son ami a parfaitement le droit de ne pas être amoureux :

« Écoute, il y aurait peut-être une solution : si vraiment tu crois qu'elle est folle, il faut la faire examiner par des psychiatres et la transférer dans une maison de repos. »

Le visage du milliardaire s'éclaire brusquement.

« Mais oui, tu as raison, c'est cela !... Merci, mon vieux. Merci, vraiment !

— Pas de quoi. Au fait, et ta fille ?

— Je voulais la laisser à l'écart, mais elle a surpris plusieurs coups de téléphone de son ex-gouvernante. Elle a compris mon agacement, ma colère, mon découragement même, je crois qu'elle la déteste. »

Le 11 juin 1949, la belle Allemande est donc mise en présence d'un médecin aliéniste. Elle se présente vêtue comme à son habitude d'un tailleur gris, très strict, ses cheveux noirs formant bandeau sur un grand front bombé sans une ride, ses grands yeux noisette très clairs fixant le praticien avec sérénité, le nez droit frémissant à peine, ses lèvres roses ne s'entrouvrant que sur des paroles rares, mais nettes et parfaitement sensées.

Au demeurant, elle ne nie pas profiter de chaque occasion offerte, même si elle doit provoquer cette occasion, pour manifester au milliardaire l'expression de sa passion. Son discours peut se résumer de cette façon :

« Oui, je l'aime. Vous êtes contre ? »

Le 12 juin, un autre psychiatre l'examine à son tour, et le 13, les deux médecins se concertent.

Le 14, nouvelle rencontre du commissaire et de Gilberto Samoa. Cette fois, au somptueux domicile du milliardaire. Après le dîner et un verre de cognac à la lueur des bougies, sur une terrasse environnée de magnolias odorants, surplombée par un rideau de bougainvillées, le commissaire ne fait que répéter l'évidence :

« Crois-moi, je suis désolé, mais je ne peux rien faire... Les psychiatres ont refusé de signer le certificat d'internement, j'ai dû lui rendre sa liberté.

— Quand ?

— Il y a deux heures... juste avant dîner. »

Atterré, le milliardaire jette un coup d'œil sur le parc et, d'un geste du menton, montre, brillant dans la pénombre à quelque 100 mètres, les dorures de la grille d'entrée :

« Elle doit être là. Je suis sûr qu'elle doit rôder autour de la maison... Tout à l'heure, lorsque tu seras parti, elle m'appellera au téléphone... C'est l'enfer qui va recommencer. »

En effet, pour Gilberto Samoa et sans doute aussi pour Greta Jurgen, la vie d'enfer recommence. Elle va durer un an.

Elle est là, dans la rue, et se jette devant la voiture sous les jurons du chauffeur. Elle est là, sanglée dans ses vêtements sévères, au pied du building où le milliardaire a son bureau. Elle est là, dans une cabine téléphonique, à minuit, pour l'appeler chez lui, chez des amis, partout, n'importe où.

Chaque fois qu'il le peut, Gilberto Samoa part en voyage. Mais à son retour elle est là, toujours là. Il lui est impossible de quitter définitivement le Brésil où ses affaires le contraignent à séjourner. L'histoire est devenue pour la haute société de Rio un gag permanent et pour la domesticité un feuilleton. Même la presse se fait l'écho de cette aventure extravagante, et cela jusqu'en mai 1950, date à laquelle le milliardaire, après des effforts patients et sans doute beaucoup d'argent dépensé, croit enfin trouver la solution.

Il réussit à obtenir à nouveau l'arrestation de Greta Jurgen, il est alors statué que: «quoique n'étant pas folle, elle est sous le coup d'une aberration mentale suffisamment caractérisée pour être soumise à un traitement de rééducation psychique».

Sans vouloir signifier grand-chose, ce diagnostic permet de l'enfermer comme «internée administrative temporaire» et, bien entendu, aucun délai n'est fixé.

Dans l'asile d'aliénés où elle se trouve, Greta promène sa longue silhouette, son abondante chevelure noire toujours impeccablement rangée, sa dignité, sa distinction, sa réserve au milieu de cette population sordide. Lorsqu'elle fixe les infirmières de son regard serein, de ses grands yeux noisette, celles-ci se sentent immédiatement coupables. Hors son amour obsessionnel, Greta Jurgen est tout à fait normale. Mieux que normale, elle rend bientôt de multiples services et, devant sa sérénité, son désintéressement, sa discrétion, le personnel hospitalier comme les malades sont rapidement conduits à penser que cette femme n'a rien à faire parmi eux: le genre de conversations échangées se résume en peu de mots:

«Mais enfin, qu'est-ce qu'on lui reproche?

— Elle est amoureuse d'un milliardaire.

— Ah! bon? Ce n'est pas une raison pour la mettre chez les fous.»

Bientôt, les rares amis de la jeune femme, émus par son sort, semblent devenir plus nombreux. Quelques membres du personnel hospitalier s'unissent à eux, alertent l'opinion publique, engagent un avocat et portent devant les tribunaux ce qu'ils estiment être un cas d'internement arbitraire ! Voire une vengeance.

Normalement, il leur aurait fallu des années pour y parvenir, mais leur avocat a désormais en main un atout dont le président du tribunal va révéler la nature quand il déclare dans ses attendus :

« Il est hors de doute qu'entre Greta Jurgen et Gilberto Samoa un passé existait, qui a entraîné la femme à commettre les actes invoqués ensuite contre elle pour justifier sa détention. »

En d'autres termes, la cour admet que le milliardaire a séduit la gouvernante et que, pour y parvenir, il a fait des promesses de mariage donnant le droit à celle qui les avait reçues de le relancer, même au point de l'importuner alors qu'elle continuait à l'aimer et qu'il tentait de lui échapper.

« Dire de quelqu'un, poursuit le président du tribunal, qu'il est ou qu'elle est folle ou fou d'amour n'est pas nécessairement une simple façon de parler. On peut se trouver devant des cas où cette formule banale devient l'expression d'une tragique réalité. Lorsque pareil phénomène se produit, il est inadmissible que, sous prétexte de protéger la tranquillité d'un de ses membres, la société applique à celui ou à celle qui en est la victime l'un des procédés implacables qu'elle emploie pour se défendre contre les anormaux. En conséquence, le tribunal, sans préjuger des dommages et intérêts auxquels elle peut prétendre, ordonne la mise en liberté immédiate et sans conditions de Mlle Greta Jurgen. »

A l'usage des journalistes, le président résume cette dramatique affaire en quelques mots :

« La triste vérité est que nous avons emprisonné dans une maison de fous une femme dont la seule démence était d'être une amante au cœur fidèle. »

Est-ce beau ? Est-ce triste ? Est-ce vrai ? Est-ce complètement faux ? Que la motivation d'un comportement soit acceptable ou inacceptable, qu'elle résulte même d'un très bon motif, tout comportement anormal agit comme un pavé dans une mare : il fait des vagues. La vague, dans ce cas, va déferler jusqu'au meurtre.

Il est une personne qui jusqu'alors n'a joué aucun rôle actif dans cette pénible histoire : Tina, la fille du milliardaire. A cette époque, elle a quinze ans. Une silhouette sportive, la peau bronzée et les yeux noirs de son père.

Pour elle aussi, l'affaire Greta Jurgen est devenue une hantise. Son père, convaincu que la folie de son ex-gouvernante était plus grave qu'on ne le pensait, craignait de ce fait une crise violente, et il avait acheté un revolver qu'il conservait dans la boîte à gants de sa voiture. La jeune fille le sait et croit que la mort rôde autour d'eux, en permanence. Elle n'a rien ignoré du procès et pense (elle n'est d'ailleurs pas la seule) que les manœuvres soi-disant déployées par son père pour séduire la gouvernante, et auxquelles fait allusion le tribunal, sont une pure invention, une insulte à son père, un sacrilège à la mémoire de sa mère.

Dans les semaines qui suivent le procès, bien que l'Allemande ne se soit pas manifestée, elle vit dans la terreur de la voir reparaître.

A quinze ans, les filles ont parfois une vision déformée de l'amour, et pour Tina la passion de cette femme a sali son père : le seul être qui lui reste depuis la mort de sa mère. Elle éprouve envers lui un sentiment de propriété totale, et pour Greta un dégoût profond.

Les journaux n'ont pas lâché l'affaire, et, soutenue par la presse, la gouvernante allemande annonce son intention de réclamer des dommages et intérêts au milliardaire. Elle tient une conférence de presse chez elle, parle de son amour bafoué, de sa liberté entravée, de l'impunité dont jouissent les hommes d'argent, du mépris avec lequel ils traitent leurs domestiques, peuvent les séduire et les rejeter à leur gré, avec la complicité de la police.

Aucun journaliste ne sent l'odeur du chantage sous ses déclarations. Aucune peine ne discute cet amour malsain qu'elle étale encore et toujours pour justifier ses actes.

Alors, Tina décide de délivrer son père, et de se délivrer elle-même de l'angoisse quotidienne vécue depuis des années sous la pression de cette folle.

Le revolver de son père est dans la boîte à gants. A portée de sa main. A l'issue d'une promenade à la plage avec son père, Tina s'en empare et le dissimule dans son sac, entre un maillot de bain et une serviette. Le journal indique que la gouvernante vit dans un modeste appartement et en précise l'adresse. Tina n'a aucun mal à s'y rendre. Sous prétexte d'aller faire des courses en ville, elle se fait déposer en voiture dans le centre de Rio, et dit au chauffeur d'une petite voix calme :

« Ne m'attendez pas, Ernesto, je téléphonerai à la maison, vous viendrez me prendre plus tard. »

C'est une petite fille qui se prépare à tuer. Elle n'a rien laissé paraître. Une petite fille riche, élégante et jolie, bronzée par le soleil des plages, le tennis et la vie dorée que lui offre son père.

Dans sa jolie robe blanche, elle fait déjà se retourner les hommes sur son passage. Le revolver de son père est enroulé dans une écharpe de soie bleue. Elle gravit avec légèreté les marches de l'immeuble où habite sa victime. Personne ne l'arrêtera. Un assassin en robe claire ne fait pas peur à une concierge, et la porte de Greta Jurgen s'ouvre sans méfiance.

Face à face, pour un court instant, une femme en tailleur gris, élégante, à peine étonnée, et une adolescente en robe blanche et foulard bleu à la main. L'arme noire aura quatre petits sursauts. Greta Jurgen aussi. Elle s'écroule au ralenti, devant sa porte, et Tina recule pour ne pas être effleurée au passage.

Les voisins surgis sur le palier verront le pied délicat de l'enfant, dans une sandale de cuir doré, repousser la tête de sa victime et se pencher pour examiner la mort de près, s'assurer que le regard clair est devenu fixe.

Enfant gâtée, superprotégée, Tina, quinze ans, n'est touchée que par la mort des êtres qu'elle aime. Celle de sa mère, celle d'un petit chien. La mort d'un serpent, ou d'une femme comme Greta, n'est pour elle qu'une question de danger écarté.

« Mon père ne l'aurait pas fait », fut la seule explication qu'elle donna aux juges.

SUR UN JOLI BATEAU

Le dépliant de l'agence indiquait comme avantage particulier à cette croisière dans les îles : « Très peu de places disponibles, croisière de luxe limitée à une vingtaine de passagers. Vous vivrez à bord comme si vous étiez propriétaire de votre yacht et en petit comité. »

L'embarquement se fait à Miami. Le luxe dont il est question est un luxe normal, il ne s'agit pas d'une croisière de milliardaires. Certes, les dollars nécessaires à ce petit voyage d'une semaine représentent tout de même plus que le salaire d'un ouvrier spécialisé. Les passagers sont des gens aisés, beaucoup à la retraite, et la moyenne d'âge s'en ressent. Ils ont retenu leurs places il y a plusieurs mois. Ce n'est pas l'aventure, c'est une promenade tranquille, bien organisée, feutrée, avec tous les ingrédients nécessaires au confort. Boutiques à bord, cocktails à onze heures et à dix-neuf heures, dîner dansant et halte le soir à proximité d'une plage « exotique ».

Le commandant a salué chacun de ses passagers, en vieux routier de ce genre de promenade en mer. Il salue donc Mmes Bryonne, mère et fille. Mme mère a soixante-six ans, elle est veuve; Mme fille a quarante-deux ans, elle est divorcée. Ce sont les dernières à monter à bord. Le commandant les informe avec le sourire :

« Dès que nous serons en mer, rendez-vous dans le grand salon à l'arrière. J'aurai le grand plaisir de vous offrir un cocktail de bienvenue à bord. »

Mme mère accepte l'invitation et répond au sourire commercial du commandant par un sourire carnassier : dents blanches et lèvres rouges, visage forgé par des liftings à répétition et faux petit nez en l'air. Mais rien ne peut changer l'expression profonde qui émane d'un visage carnassier, le mot est juste.

Mme fille, plus effacée, semble tenue en laisse par sa mère, comme un petit chien bien dressé. La mère dit :

« Voici Marge, ma fille, elle m'accompagne. »

Et l'on pourrait entendre : « Ne vous inquiétez pas d'elle, elle ne fait pas de bruit et elle est propre ! »

Pauvre Marge. Elle ne semble aimer ni le soleil, qui fait cligner son regard pâle, ni la mer, à qui elle tourne volontiers le dos, préférant contempler ses pieds avec obstination, comme si elle voulait s'assurer de leur équilibre sur le pont.

Tout le monde est à bord. On s'installe dans les cabines, le quai s'éloigne à regret, comme tous les quais.

Et, dans la cabine n° 12, un homme seul aligne des livres. Edwin Gilles, quarante-cinq ans, professeur de philosophie, a choisi ce voyage pour faire le plein de lecture avant la rentrée universitaire ; il travaille sur une biographie comparée des présidents des États-Unis depuis la guerre de Sécession jusqu'au deuxième conflit mondial. L'histoire et la psychologie sont ses lubies. Il est arrivé parmi les premiers, chargé de ses bouquins, lunettes sur le nez et short approximatif du point de vue de l'élégance. Il a déclaré au commandant:

« Vous ne me verrez pas beaucoup dans les réceptions. J'aime la solitude. Si je savais naviguer moi-même, je ne serais pas là. »

Il a l'air franc derrière sa barbe, cet intellectuel en espadrilles. Franc et net, sans ambiguïté, un peu naïf et démodé, mais quoi, tout le monde ne peut pas ressembler à une gravure de mode! Alors le commandant, toujours souriant, a répondu:

« Venez au moins au cocktail de bienvenue. La cravate n'est pas nécessaire. Vous ferez connaissance avec les autres passagers une fois pour toutes. »

C'est ainsi qu'à onze heures du matin, au large de Miami, sur la plage arrière du *Sea Star*, un été de 1972, parmi les petits fours et les cocktails de fruits exotiques, un assassin a rencontré sa victime. Rencontre angoissante sur une mer bleu opaline...

Le commandant fait les présentations avec une grande habileté et un sens de la psychologie dus à sa longue expérience: les retraités joueurs de cartes ensemble, par petits groupes, les piliers de bar, il y en a toujours, regroupés autour du commissaire de bord, et les quelques célibataires avec l'hôtesse.

Mais il a soudain l'impression d'avoir gaffé. Mme Bryonne mère — et son sourire carnassier — ne pouvait pas se joindre aux couples retraités, elle l'aurait mal pris. D'autre part, sa fille Marge, divorcée, fait partie des célibataires encore jeunes. Ils sont très peu: cinq en tout. Le commandant récapitule de loin : Bryonne mère et fille, Gilles, l'intellectuel à lunettes, et les deux frères Roach, la cinquantaine bien tassée, amateurs de pêche au gros. Alors, pourquoi ce silence glacé ?

Quelle bourde a-t-il commise ? Un verre à la main, il rejoint le groupe en hâte et remarque immédiatement deux regards en chien de faïence : Mme Bryonne mère et Gilles. Marge, la fille, rouge comme un coquelicot, regarde ses chaussures. Quant aux deux amateurs de pêche, ils font innocemment la cour à l'hôtesse déjà à l'écart et ne sont pas concernés. Le commandant fait son travail :

« Les présentations sont faites ? »

Le sourire convaincu de Mme Bryonne mère lui répond, un rien grinçant :

« C'est chose faite, commandant ! Ma fille Marge adorerait faire un tour sur la passerelle ! »

Et, sans plus de cérémonie, elle pousse sa fille en avant, comme une poupée, entraîne le commandant et, sans se retourner :

« Monsieur Gilles n'est pas amateur, il préfère sûrement ses livres ! »

Quelque temps plus tard, le commandant obtient de l'hôtesse quelques détails supplémentaires :

« Ils doivent se connaître, ces trois-là. Quand le professeur a aperçu la vieille, il est devenu pâle et elle a dit : « Tiens, vous êtes là, vous ? » comme si elle lui en voulait. Et puis la fille a piqué un fard terrible, elle a voulu tendre la main, la mère lui a donné une tape sèche sur le bras et vous êtes arrivé. »

Le soir même, il a le fin mot de l'histoire. Edwin Gilles, l'air ennuyé, lui glisse à l'heure du dîner :

« Pas de chance. Je me croyais tranquille pour dix jours, et voilà que je tombe sur ma belle-mère !

— Mme Bryonne est votre belle-mère ?

— Ex-belle-mère. J'ai divorcé de sa fille, il y a un an à peine.

— La jeune Mme Bryonne ? Comme c'est ennuyeux, et bien entendu vous n'avez aucune envie de lui parler.

— Oh ! ma femme n'est pas le problème, la pauvre, c'est une esclave-née. Personnellement, je n'ai rien contre elle, ou plutôt disons que, la seule chose qui nous sépare, c'est la mère. Marge n'a jamais su ou voulu s'en libérer. Cette femme est un ogre, un monstre possessif. Je l'ai supportée cinq ans, toujours fourrée chez moi, mettant son nez partout. Nous n'avions jamais la possibilité d'être seuls, Marge et moi. Même au lit ! Croyez-le si vous voulez, cette emmerdeuse téléphonait à sa fille tous les soirs, pendant au moins une heure, alors qu'elle ne l'avait pratiquement pas quittée de la journée. Finalement, elle est venue carrément s'installer chez nous. Alors j'ai mis le marché en main à ma femme : « Ou tu la vires, ou c'est moi qui pars ! »

« Comme vous le voyez, c'est moi qui suis parti. J'ai demandé le divorce en conséquence, je l'ai gagné et, depuis, cette maudite bonne femme m'en veut à mort ! Elle a écrit à l'Université en me traitant de sadique et je ne sais quoi. Heureusement, je suis connu dans ma profession. Je me demande dans quelle mesure elle n'a pas fait exprès de choisir cette croisière. »

Le commandant pense que non :

« Elle ne pouvait pas savoir. Les inscriptions ont été faites il y a plusieurs mois, et aucun des pasagers ne se connaissait !

— Elle a pu demander à consulter la liste!
— L'agence ne la communique pas, en principe.
— En principe, mais elle est capable de tout. Je n'aime pas ça, commandant. J'ai presque envie de débarquer à la prochaine escale...
— Allons, ne prenez pas l'affaire au tragique. Et je ne vais pas vous déposer sur une plage! En dix jours, nous ne faisons pas d'escale véritable. Nous avons tout ce qu'il faut à bord, et vous ne verrez que des lagons déserts, c'est le principe de la croisière.
— Où est sa cabine? Si elle est proche de la mienne, débrouillez-vous pour me mettre ailleurs. Et je prendrai mes repas dans ma chambre!»
Réflexion du commandant après cette conversation: «Ma parole, on dirait qu'il a peur d'être empoisonné ou fusillé à bout portant!»
La mer est bleue, le ciel est bleu. Le petit cargo poursuit son voyage sous le soleil. Qui penserait au drame? Il surgit la cinquième soirée. A l'heure où les passagers dansent au salon ou rêvent devant les étoiles, sous le ciel des Bermudes, voici qu'un cri effrayant trouble la paix du soir.

Qui a crié à bord du *Sea Star*? C'est une voix de femme, rauque, et c'est un cri indescriptible, un cri de femme en colère!
On se bouscule dans les couloirs, qui en chemise de nuit, qui en smoking. Le commissaire de bord interroge tout le monde, on lui indique une cabine double, celle de Mme Bryonne mère et fille. Il n'a pas le temps de frapper à la porte, elle s'ouvre sur une femme édentée, tenant à la main une arme bizarre, un genre de coupe-papier au manche d'ivoire, à la lame terriblement effilée

et couverte de sang. Plus carnassière que jamais, laide à faire peur, Mme Bryonne mère hoquette, puis déclare avec l'accent d'une tragédienne :

« J'ai dû tuer ce sadique ! Il s'est jeté sur ma fille pour la violer ! »

Dans la cabine, allongé sur le lit et à plat ventre, Edwin Gilles est désigné comme le sadique en question. Il est vêtu d'une robe de chambre en éponge blanche, il a deux cercles rouge sombre entre les omoplates.

Réfugiée sur un fauteuil, en pyjama, Marge, victime supposée d'une tentative de viol, est en proie à une crise de nerfs violente. Le commissaire de bord remarque que pour une femme agressée sa toilette est à peine dérangée. Elle s'arrache les cheveux de désespoir et porte des marques de griffes sur le visage. Mais il est possible qu'elle les ait faites elle-même.

Volubile, la mère raconte l'agression dans les coursives, à un public consterné :

« Il a frappé, il voulait soi-disant parler à ma fille. Moi je n'ai pas entendu, la porte de communication était fermée, je faisais ma toilette. Lorsque j'ai entendu un bruit suspect, j'ai immédiatement ouvert la porte et je l'ai vu ! Il la tenait par le cou, il l'avait coincée sur la couchette et ses intentions étaient visibles. Je me suis précipitée sur lui, j'ai voulu le tirer en arrière, mais il m'a repoussée, il a dit qu'il allait se venger. Alors j'ai perdu la tête, j'ai pris ça : ce coupe-papier ! Il était sur la table à côté d'un livre que ma fille lisait, et j'ai frappé comme j'ai pu ! »

Là-dessus, pour terminer la scène en tragédienne accomplie, Mme Bryonne mère laisse tomber l'arme du crime en l'accompagnant d'un regard horrifié, s'affaisse lentement dans le couloir en perdant connaissance avec un ralenti de professionnelle.

Edwin Gilles est mort. En frappant « comme elle pouvait », la meurtrière a eu de la chance, si l'on peut dire. A moins qu'elle n'ait soigneusement visé. Car il n'est guère facile de tuer un homme de dos, avec un coupe-papier, aussi solide et aiguisé soit-il. Il faut de la force pour porter le premier coup, de la force pour retirer la lame et toujours de la force pour le deuxième coup. D'autant plus qu'un homme de la taille d'Edwin Gilles est censé se débattre. A moins d'être vraiment pris par surprise.

Sans être policiers, le commissaire de bord et le commandant se demandent comment la jeune femme a pu se dégager de la couchette sans être tachée de sang, ou pour le moins débraillée.

Sans être médecin légiste, le toubib de bord se pose des questions. C'est quoi, cette petite bosse sur la nuque.

« Je l'ai d'abord frappé avec mon séchoir à cheveux ! »

Grosse bosse, pour un séchoir à cheveux à carrosserie de plastique. Autre chose curieuse, pour un violeur patenté et dans l'exercice de son coupable méfait, Edwin Gilles est en peignoir de bain ; sous ce peignoir, un short ; sous le short un slip de bain. Le tout correctement ajusté.

En prévenant la police de Miami, le commandant du *Sea Star* fait part de ses remarques, et il en ajoute deux :

« Cet homme m'a paru extrêmement correct. Son divorce date d'un an, m'a-t-il dit. Évidemment, il a pu vouloir se venger, mais il m'a demandé dès le début à s'éloigner de cette femme au maximum, il aurait débarqué s'il avait pu. Et autre chose, il s'est demandé si sa belle-mère n'avait pas choisi exprès la même croisière que lui. Il faudrait vérifier à l'agence. »

Le *Sea Star* est de retour à Miami, en pleine vitesse. Le corps d'Edwin Gilles a été recouvert de glace et d'une bâche isolante, sur les conseils de la police, afin d'éviter de le changer de position.

Douze heures après le meurtre, la croisière est finie, les passagers consignés à bord, deux policiers et un légiste font leurs premières constatations. Cela dure deux heures. Après quoi l'un d'eux prend à part Mme Bryonne fille, divorcée de la victime.

« Vous maintenez qu'il y a eu tentative de viol ?

— Oui... oui...

— Vous maintenez que votre mère a agi pour vous défendre ?

— Oui... oui... bien sûr...

— Madame Bryonne, votre ex-mari a été assommé. Il était évanoui ou en tout cas sérieusement sonné avant d'être tué. Le coup qu'il porte à la base de la nuque, ce n'est pas une petite bosse, et elle ne vient pas d'un sèche-cheveux. Elle vient de ce flacon de cristal. Il est épais, lourd, il a été essuyé mais mal. Notre chimiste a découvert des fragments de peau et de cheveux à la base du flacon, incrustés dans le motif... Votre mère a donc menti !

— Elle... elle ne sait peut-être plus avec quoi elle a frappé ! Demandez-lui...

— Vous étiez là, vous avez forcément tout vu !

— J'avais peur... Je ne sais plus...

— Ne mentez pas, madame, vous seriez complice de votre mère. Elle a demandé la liste des passagers à l'agence, sous un faux prétexte. L'employée a reconnu avoir touché 100 dollars, et votre mère lui a dit: «C'est une amie... «dommage, elle n'est pas à bord...» Alors, madame Bryonne? Si vous disiez la vérité? A moins que vous ne préfériez aller en prison avec votre mère pour meurtre avec préméditation?

— Ce que vous dites est affreux. Je veux parler à ma mère.

— Il n'en est pas question. Vous êtes suspecte, comme elle. A partir de maintenant, interdiction de vous parler ou de vous faire des signes. Je vais vous lire vos droits.»

Marge a craqué. En regardant obstinément ses chaussures, elle a raconté:

«Ma mère m'a conseillé d'avoir une explication avec Edwin. Elle m'a affirmé que, s'il était à bord, c'était pour me reprendre, pour me séparer d'elle à nouveau. Je suis allée voir Edwin, il ne voulait pas venir dans ma cabine, mais ma mère voulait absolument écouter l'entretien derrière la porte, pour ma sécurité. Alors, j'ai dit qu'elle n'était pas là, qu'elle jouait au bridge au salon et qu'il valait mieux qu'il vienne, ainsi il pourrait se cacher ou se sauver si elle venait. Tandis que, si elle ne me trouvait pas, elle viendrait directement chez lui faire un scandale. Il est venu. Je croyais sincèrement que nous devions parler.

«Il s'est assis sur cette chaise, moi, je regardais la mer par le hublot. J'étais gênée de le savoir là. Il me manquait parfois. J'ai entendu un léger bruit et, en me retournant, j'ai vu ma mère le frapper. Il est tombé, elle l'a ramassé, l'a placé sur la couchette et m'a giflée parce que je pleurais. Elle m'a dit: «Retourne-toi, je vais te «débarrasser de lui pour toujours. Il ne t'impor-«tunera plus.»

— Et vous n'avez pas essayé de l'en empêcher?

— Non. Elle... elle m'aurait peut-être tuée aussi, vous savez. Elle m'a menacée. Elle a inventé toute cette histoire de viol en quelques minutes et elle m'a dit : « Contente-toi de répéter « ce que j'ai dit et, pour le reste, fais l'imbécile. « Tu n'as qu'à dire que tu es malade des nerfs. Si « tu n'obéis pas, tu resteras seule et ils m'enver- « ront sur la chaise électrique. Tu seras responsa- « ble de la mort de ta mère ! »

Pauvre Marge. Pauvre esclave. Éternelle enfant dévorée par une mère carnassière et possessive. Certains témoins de sa vie privée avec Edwin Gilles ont apporté une clarté supplémentaire sur le mobile de la meurtrière :

« Elle l'aurait voulu pour elle, cet homme ; ça sautait aux yeux, qu'elle était jalouse de sa fille ! »

Mais comme on ne se refait pas à quarante ans passés, Marge a obtenu de partager la cellule de sa mère lorsque cette dernière a atteint soixante-dix ans, pour l'aider à vivre les dernières années de perpétuité et parce qu'elle souffrait d'une grave maladie osseuse.

Être esclave, c'est parfois une situation librement consentie.

LAURIE, LYNE ET RACHEL

La légende veut que le dernier indigène de Tasmanie ait été tué, comme avant lui ses congénères, au cours d'une joyeuse partie de chasse organisée par les derniers colons anglo-saxons. Sur cette grande île presque à l'extrême sud de l'Australie et jadis sauvage, on trouve aujourd'hui de grosses voitures, des avions, de riches bourgeois, des ouvriers de ferme, des clubs hippiques, des dames pipi, des courts de tennis et de grandes entreprises agricoles où les maisons de maître sont des châteaux. Et en principe, autour de ces châteaux, on ne chasse plus l'indigène.

C'est dans l'une de ces grandes propriétés que naît, vit et grandit Rachel Wilson. Tout le monde adore cette mignonne fillette blonde. Plus tard, au collège, ses camarades lui font une véritable cour permanente. Le monde est pour elle à l'image de cette existence trop protégée : peuplé de gens aimants, prêts à succomber devant son charme. Aussi, lorsque Rachel rencontre Lyne et Laurie, ne voit-elle en ces deux charmantes femmes que de nouvelles admiratrices.

En vacances sur la grande île, Lyne et Laurie prennent vite Rachel sous leur protection, presque sous leur coupe. La jeune fille se laisse volontiers entraîner au cinéma, au restaurant, voire au dancing, et puis un jour elle leur expose son cas :

« Je viens de terminer mes études secondaires. Les vacances finies, il va falloir que je rentre à l'université de Melbourne. »

Lyne, vingt-sept ans, est une brune pétulante, gérante d'un magasin d'articles de sport, et Laurie, vingt-cinq ans, blonde sylphide, exerce le métier d'esthéticienne. Elles vivent ensemble.

« Puisque vous habitez Melbourne, explique Rachel, vous pourriez m'aider à trouver une chambre ou un studio près de la faculté ?

— Bien sûr, ma chérie, comptez sur nous », susurre la sylphide Laurie.

Quant à la pétulante Lyne, elle affirme sans hésiter :

« J'ai une meilleure idée. Pourquoi ne viendriez-vous pas habiter chez nous ? Notre appartement est très grand, vous pourriez disposer d'une pièce indépendante.

— Mais oui ! Pourquoi pas ? ajoute Laurie entourant la jeune fille d'un bras maternel, vous vous sentirez beaucoup moins seule avec nous. »

Sur le bras blanc de Laurie, tendrement posé sur l'épaule de Rachel, s'ajoute le bras de Lyne, plus brun et plus potelé, mais tout aussi affectueux... Mais la jeune fille hésite : pourra-t-elle bénéficier d'une totale liberté en partageant son logement avec deux femmes ? Très intuitive, Lyne prévient ses craintes :

« Soyez tranquille, dit-elle en riant, nous ne vous ennuierons pas. Nous vivrons notre vie chacune comme nous l'entendrons. »

Les vacances s'étirent. L'accord est conclu.

Dès la fin du mois d'octobre, la ravissante et

innocente Rachel Wilson, venue de sa lointaine Tasmanie pour suivre les cours de la faculté à Melbourne, surgit avec ses deux valises dans l'appartement de Lyne et Laurie :

« Laurie n'est pas là ? s'étonne la jeune fille.

— Non, elle n'habite plus ici, murmure Lyne avec un brin de tristesse. Ne parlons pas d'elle : cela m'a fait beaucoup de chagrin. Occupons-nous plutôt d'aménager votre chambre. »

Lyne, la pétulante brune, et Rachel, l'innocente blonde, s'amusent beaucoup à aménager et organisent une petite soirée pour fêter les débuts de leur cohabitation. C'est ainsi que la jeune fille fait la connaissance, avec son enthousiasme juvénile, des amis de Lyne, sans remarquer leur réticence et leurs allusions à peine voilées. Très peu d'hommes à cette soirée, presque uniquement des femmes.

Comme Laurie n'est pas du nombre, Rachel s'étonne un peu :

« Lyne, vous n'avez pas invité Laurie ?

— Je vous ai demandé de ne plus me parler de Laurie ! »

Au fil des jours, l'amitié entre Lyne et Rachel se renforce. Rachel reconnaît en Lyne une expérience de la vie et un jugement plus sûr que le sien. Aussi la consulte-t-elle souvent lorsqu'elle doit prendre une décision. Bientôt, elle prend l'habitude d'aller la retrouver le soir dans sa chambre, pour lui raconter les menus événements de la journée.

Un soir, Rachel épuisée s'endort au milieu de la conversation et fait un rêve délicieux. Du moins tout porte à le croire.

Lorsqu'elle se réveille, Lyne est penchée sur elle et l'examine d'un œil à la fois avide et inquiet.

« Chut !... Ne dis rien... J'espère que tu n'es pas fâchée : je ne veux pas le savoir maintenant. Tu es si belle, je n'ai pas pu résister. Tu sais, j'ai eu l'impression que cela ne te déplaisait pas. »

Le lendemain soir, Lyne est de retour dans l'appartement, un bouquet de fleurs à la main. Elle a l'air si coupable que la jeune fille éclate de rire, et le dîner s'avère fort joyeux :

« Oui, je n'aime pas les hommes », avoue simplement Lyne la brune.

Pour justifier ce choix, elle dispose d'une explication : sa tante qui l'a élevée était divorcée, elle lui racontait les traitements que lui faisait subir son ex-mari, brutaux, grossiers, atroces.

« Avec les femmes, c'est tout différent, tu comprends. Beaucoup plus subtil. Surtout avec une fille comme toi. »

Rachel n'éprouve aucune réelle attirance à l'égard des femmes, mais ne repousse pas vraiment sa compagne. L'habileté et l'expérience de Lyne viennent sans de trop grandes difficultés à bout de ses résistances. La petite Tasmanienne est donc devenue lesbienne. Lorsque ce n'est pas absolument et totalement désagréable, on peut se faire à tout. Surtout lorsqu'on a dix-neuf ans et que l'on vit à Melbourne en 1982. Que diable ! Il faut être de son temps ! Pourquoi pas lesbienne ?

Seulement voilà : un jour il se met à pleuvoir, ce qui n'a rien d'extraordinaire, et en ce jour de pluie les cours de la faculté sont suspendus, suite à une grève. Rachel décide donc d'aller au cinéma et fait la queue comme tout le monde. Sa jolie tête blonde nue sous la pluie. Les garçons d'alentour se précipitent qui avec un foulard, qui avec un imperméable, pour protéger la jeune fille. Elle est si jolie, et si attendrissante transformée en gouttière...

Celui qui gagne est évidemment Brian Anglim, puisqu'il est le seul à disposer d'un parapluie.

Pour être juste, il a aussi d'autres atouts : une carrure d'athlète, un visage ouvert et de la conversation. En somme, tout ce qu'il faut pour faire la queue devant un cinéma un jour de pluie et séduire une blonde Rachel.

D'autant que le dénommé Brian, après l'avoir avec insistance observée de profil, lui déclare brusquement :

« Mais vous savez que je vous connais ? Oui, parfaitement : j'étais à la petite fête, chez vous, lors de votre installation. Vous étiez une amie de Lyne et de Laurie ?

— Pourquoi parler au passé ? Je suis toujours leur amie. »

Le jeune homme, sous le parapluie, a deux réactions : la première pour manifester son étonnement et sa curiosité en disant simplement :

« Tiens, tiens... tiens ! »

Puis, après un silence, il prend un ton plus grave pour murmurer :

« Pauvre Laurie.

— Pourquoi « pauvre Laurie » ?

— Comment ? Vous n'êtes pas au courant ? Elle est morte.

— Morte ? Comment cela ?

— Eh bien... il y a cinq mois, avant votre arrivée de Tasmanie. Un accident idiot que la police n'a d'ailleurs jamais très bien expliqué : elle est tombée dans l'escalier.

— Et elle en est morte ?

— C'est-à-dire qu'elle est passée par-dessus la rampe : cinq étages. »

Rachel a un frisson. Peur rétrospective ou froid de la pluie ?

Lorsqu'on fait la queue ensemble, on passe à

la caisse ensemble, on entre ensemble dans la salle et on s'assoit forcément l'un à côté de l'autre. Dans ces conditions, le jeune homme et la jeune fille se retrouvent inévitablement «ensemble» à la sortie, ce qui conduit Brian à cette proposition originale:

«Si on allait boire un verre?

— Désolée mais je ne peux pas. On...»

Rachel interrompt sa phrase pour regarder l'heure. C'est qu'il est dix-neuf heures et que brusquement le fantôme de Lyne, la pétulante brune, s'est dressé devant elle.

«Pourquoi? demande le garçon.

— On m'attend.

— Qui? Lyne?

— Oui.

— Dans ce cas, est-ce que vous accepteriez un rendez-vous? Demain, par exemple, à la sortie de la fac? Moi je sors à deux heures.

— Moi aussi.»

Rachel accepte donc sans bien réfléchir, mais se trouve très ennuyée lorsque le soir même Lyne demande:

«Demain tu sors à deux heures? Comme d'habitude?

— Euh... oui.

— Eh bien, je passerai te prendre.

— C'est-à-dire, euh...»

Brusquement, Rachel ressent l'impression d'être prise au piège. Les mois passant, les habitudes ont consolidé leur liaison. Elles ne sortent plus l'une sans l'autre. Rachel a oublié ses rêves d'indépendance, elle est redevenue petite fille, laissant son amie la gâter, décider du choix de ses robes, des restaurants, de l'emploi du temps des week-ends... La pétulante brune éprouve une telle passion pour l'étudiante qu'elle lui a déclaré un jour :

« Tu sais... si j'apprenais que tu as rendez-vous avec un homme, je ne le supporterais pas... Je crois bien que je serais capable de te tuer. »

Plusieurs fois par semaine, Rachel se débrouille donc pour rencontrer Brian en cachette. Le jeune homme est gérant d'un garage en pleine ville et gagne confortablement sa vie. Et, comme il lui plaît de plus en plus, les ardeurs de Lyne lui plaisent de moins en moins. Pis : l'attachement exclusif de son amie, qui jusqu'à présent la flattait plutôt, commence à lui faire peur. Un soir, même, elle la repousse carrément. Le résulat est que Lyne boude pendant deux jours, jusqu'à ce que la jeune fille, culpabilisée, fasse de nouveau quelques pas vers elle, par pitié.

Mais l'expérience habile de la pétulante brune ne triomphera pas de la passion virile du jeune homme. Rachel fait la comparaison qui s'impose. Cela se passe dans l'appartement de Brian, le plus naturellement du monde entre un garçon et un fille. Et Rachel conclut :

« Ben zut, alors ! Je préfère cent fois... cent fois ! »

Conclusion personnelle dont il est inutile de débattre.

Brian, encore étendu sur le lit, observe Rachel, nue, les cheveux défaits, en train de ramasser fébrilement ses vêtements éparpillés sur la moquette pour se rhabiller.

« Pourquoi sembles-tu tellement effrayée dès qu'il s'agit de rentrer chez toi ?

— Lyne sera inquiète si j'arrive en retard. »

La même scène se reproduisant au long des semaines, Brian, qui n'a jamais été dupe, fait avouer à Rachel ses relations avec Lyne et la passion dominatrice de celle-ci.

« Serais-tu heureuse si je proposais de t'épouser ?

— Oui.

— Alors, je te le propose. Mais en attendant, tu vas vivre ici. Cette situation ne peut plus durer. Prends ton courage à deux mains, avoue la vérité, fais tes valises et téléphone-moi. Je viendrai t'attendre en bas, à l'heure que tu voudras. »

Brian sent Rachel à la fois décidée à suivre son conseil mais absolument terrorisée. La porte à peine refermée, une idée lui vient. Et s'il venait de lui conseiller une énorme bêtise ? Si cela tournait mal ? Si Lyne était dangereuse ? Et cette histoire, au fait ? Cette mort inexplicable de Laurie tombée de cinq étages dans la cage de l'escalier ? Et si...

Il court à la fenêtre, l'ouvre. Trop tard, Rachel vient de monter dans un taxi qui démarre et disparaît au bout de la rue.

La rencontre des deux femmes est chargée d'électricité. La brune et pétulante Lyne lance un regard haineux à la silhouette blonde de Rachel qui se dessine dans l'encadrement de la porte.

« D'où viens-tu ? Il est neuf heures ! Tu m'avais promis de rentrer à la fin de tes cours. »

Rachel ne répond pas tout de suite. Elle pose machinalement son sac sur la commode, accroche son imperméable, puis se retourne brusquement pour faire face :

« Bon, eh bien... voilà, Lyne, j'étais avec un homme ! »

Les yeux exorbités, les joues soudainement empourprées d'émotion, les poings serrés, Lyne gémit :

« Petite garce ! Je t'avais pourtant prévenue ! Si tu rencontrais un homme...

— Eh bien, je l'ai rencontré ! C'est Brian. Tu vois Brian ? Qu'est-ce que tu veux y faire ? D'ailleurs, je n'ai plus peur de toi, je vais m'en aller et nous allons nous marier. »

Comme Lyne semble toujours pétrifiée, Rachel s'enhardit :

« Et je vais partir tout de suite. Je fais mes valises. »

Sur ces paroles définitives, Rachel quitte la pièce, se sentant forte comme un roc. Oubliées les menaces de Lyne ! Enterrées ses frayeurs devant la lesbienne ! Elle va appeler Brian qui va venir la chercher, et elle quittera pour toujours cet appartement où elle n'aurait jamais dû mettre les pieds. Un point c'est tout.

Pendant ce temps, au centre de la ville, une grosse voiture américaine fait hurler ses pneus en sortant en trombe d'un garage. Brian a décidé de ne pas attendre le coup de téléphone de Rachel. Il a brusquement l'impression que tout peut arriver, et surtout le pire. Lyne vivait avec Laurie avant de vivre avec la jeune fille. Tout a semblé se détériorer entre les deux femmes lorsqu'elles sont revenues de Tasmanie avec le projet d'héberger Rachel. L'une des deux était-elle contre ce projet ? Se disputaient-elles déjà l'affection de la jeune fille ? Toujours est-il que les scènes entre elles se faisaient si fréquentes et si violentes que les amis en étaient témoins et que les voisins s'en plaignaient. Cette vie d'enfer a pris fin lorsque Laurie est tombée de cinq étages dans la cage de l'escalier. Comment ne pas rapprocher ce drame inexpliqué et les menaces de mort proférées par Lyne à l'encontre de Rachel ?

La voiture fonce à travers la ville, Brian a les mains crispées sur le volant, alors que Rachel vient de claquer la porte du living, laissant derrière elle une femme folle de douleur et de rage, prête à tout pour se venger de l'humiliation subie. Mais elle ne le sait pas. Elle croit, en faisant ses bagages, qu'il s'agit simplement d'un adieu.

Lorsque la porte s'ouvre, elle se retourne, étonnée. Le visage de Lyne est méconnaissable, monstrueux de haine, de fureur, de folie. Elle tient un couteau de cuisine dans la main droite.

Comme personne ne répond dans l'appartement aux coups de sonnette et aux appels de Brian, celui-ci en déduit que les deux femmes sont peut-être absentes. Mais à tout hasard, au risque de passer pour un imbécile, il appelle quand même la police.

Lorsque le surintendant de la brigade criminelle de Melbourne pénètre dans l'appartement, ce matin du 11 mai 1983, il ne peut réprimer un geste horrifié :

« Attendez, n'entrez pas ! » dit-il en repoussant Brian.

L'appel de celui-ci laissait prévoir le pire, mais le policier ne s'attendait pas à ce corps tailladé, à ce visage réduit en bouillie.

A quelques pas du cadavre, assise à même le sol, muette, Lyne tient encore son couteau à la main, immobile comme une statue de sang.

QUELQUE CHOSE À EXPLIQUER

Ils se regardent. Trois regards flous, brûlés de soleil, presque aveugles, dans la lumière éclatante du désert de sable. Un désert du bout du monde, comme tous les déserts. Quelque part, il y a des calendriers, des pendules, des rythmes, des repères, qui font la vie humaine des cités humaines. Il y a des maisons, des jardins, des fontaines, du bruit, tant de choses qui bougent.

Comment se sont-ils égarés si loin de tout ce qui bouge ? Ici, tout est immobile sous la chaleur vibrante, et le seul bruit perceptible est celui du sang qui bourdonne à leurs oreilles, la seule ombre est celle du camping-car, ensablé, ombre trop courte pour les protéger de l'enfer du soleil implacable. Ils sont là depuis quatre jours. Au début, ils s'affairaient dans le sable, ils avaient des forces, des idées, de l'espoir. Sortir le véhicule de son sillon et réparer l'unique roue de secours, repartir vers l'aventure, fiers d'avoir réussi. Au début, ils n'avaient pas vraiment peur, ils avaient de l'eau, des vivres et des réserves de plaisanteries faussement alertes. Et puis, tout a rétréci, peu à peu. L'espoir, l'eau, les vivres, le courage, les forces.

Et la souffrance est venue. Une souffrance inconnue, sourde, étouffante jusqu'à l'angoisse.

Ils s'appellent Lydie, Mark et Peter. Ils étaient étudiants dans une université de Californie, il y a quelques semaines. Mark et Peter en section histoire, Lydie en chimie.

Quelque chose comme vingt ans chacun et un besoin de toucher la réalité de près, de vivre ailleurs que dans les livres et le confort familial. Pas plus hippie que la moyenne de leur génération en cette année 72. Le camping-car acheté d'occasion est certes paré de quelques fleurs, de peinture et d'une inscription engageant à faire autre chose que la guerre... traverser la vallée de la Mort, par exemple.

Refaire le chemin des pionniers de l'Ouest, deux cents kilomètres de roches, de sable et de sel. En 1972, on ne meurt plus dans la vallée de la Mort. Il y a des touristes, des avions, des hélicoptères.

Pourtant, ils sont là depuis quatre jours, ils ont bu la dernière boîte de soda, le container d'eau est vide depuis deux jours. Le corned-beef trop salé s'est révélé inutilisable, et ils ont partagé l'unique boîte de saucisses, depuis la veille.

Lydie a peur. Peur de sa peau brûlée et desséchée, peur des scorpions, des serpents, de la tôle brûlante et de la fièvre inconnue qui vient de terrasser Peter. Ils se regardent tous les trois, ils se voient blancs, dans les ondes de chaleur, puis Peter vacille et sa tête tombe sur ses genoux, comme un objet isolé. Il ressemble à une poupée cassée. Lydie hurle et Mark l'a gifle. Il vient de prendre une décision. Se lever et partir.

« Viens, lève-toi, mais lève-toi, bon sang, on va

marcher vers l'est, cette pourriture de désert n'est pas large, on trouvera quelqu'un.

— Je ne veux pas laisser Peter ! Il va mourir !

— Ne sois pas idiote, il est évanoui, c'est tout, on ramènera du secours...

— Tu sais qu'il va mourir... Tu le sais ! Il est plus faible que nous et tu t'en fiches ! Assassin !

— Je m'en fous ! T'entends ? Je m'en fous ! Je veux sortir de là, je veux boire, je veux manger, je veux vivre, moi ! Pas crever ici comme un rat ! Alors, tu viens ? Je parie que dans cinq kilomètres on est sauvés ! Regarde la carte !

— Il faut l'emmener !

— Non. »

Courte bagarre et gifle à nouveau. Lydie s'écroule dans la poussière de sable et de sel, auprès de Peter dont la tête roule sur le côté, et qui porte sur elle un regard aveugle, terrifiant de vide.

Ils étaient trois copains « à la vie comme à la mort », disaient-ils en riant, sans jamais croire à la mort, bien sûr...

Lydie pleure et répète : « Assassin... ! Assassin... ! »

Six jours plus tard, un couple a recueilli Lydie, brûlée, déshydratée, à demi folle, recroquevillée au pied d'une roche, et incapable de parler, de raconter, de dire d'où elle venait, qui elle était. La veille, un avion avait enfin repéré le camping-car abandonné, et un hélicoptère de la police découvrait le corps de Peter.

Quelques jours plus tard, Lydie racontait ce qu'elle pouvait raconter, jusqu'à l'heure où elle avait perdu conscience de ses actes. Le départ de Mark, la mort de Peter le surlendemain, la terreur, la longue errance.

La version de Lydie est simple: Mark les a abandonnés, sciemment. Il a pris tout ce qu'il pouvait prendre. L'eau croupie du réservoir lave-glace qu'il a arraché, un flacon d'eau de Cologne, quelques dragées de chewing-gum, un tube de crème solaire et la boîte de corned-beef. Il a déchiré la toile d'un sac de couchage pour fabriquer un genre de parasol au-dessus de sa tête.

Ensuite, il a mis le feu à un pneu, avec le reste du jerricane d'essence, et il a dit à Lydie: «On «vous repérera sûrement avant que j'aie trouvé «du secours.»

Il savait fort bien que le pneu brûlait mal. Il en avait déjà brûlé deux, alors que Peter, encore lucide, n'était pas d'accord. Peter était d'avis de ne pas bouger, d'économiser vivres et forces, de ne pas endommager la camionnette. Si le secours arrivait, si on les désensablait, ils pourraient ainsi repartir.

Mais Mark n'écoutait rien. Il buvait plus que les autres, il avait puisé dans la réserve d'eau pour mouiller ses vêtements, il affirmait que l'aventure ne durerait qu'une nuit, un jour ou deux.

Il tenait de grands discours en faisant le point sur la carte touristique, alors qu'il ignorait complètement le point précis de leur naufrage dans le désert, incapable de s'orienter, voulant jouer au chef d'expédition, alors qu'il était manifestement dépourvu de sens pratique et dépassé par les événements. Dans la vie courante, Mark était un jeune homme agréable, gai, blagueur, alors que Peter était plus réservé.

Leur différence physique était évidente. Mark, un sportif, grand, bien bâti; Peter, beaucoup plus frêle. Et le résultat de cette différence était là.

D'un côté, le corps de Peter, mort en cinq jours de déshydratation et d'un arrêt cardiaque. De l'autre, Mark, bien vivant, réfugié dans sa famille à Las Vegas, après une aventure dont il donne une version particulière, nuancée et très personnelle.

Selon lui, il est parti chercher du secours. Il n'en a trouvé que trois jours plus tard, et il délirait lorsqu'un transporteur indien l'a découvert. Il ne se souvenait plus du chemin parcouru et, s'il n'avait pas parlé de ses compagnons, c'est qu'il avait sombré dans un coma réparateur, une fois hospitalisé.

Ensuite, il avait donné tous les détails. Il ne comprenait pas que l'on ouvre une enquête. On l'accusait, lui, de non-assistance à personne en danger? Alors qu'il avait risqué sa vie pour chercher du secours?

Les déclarations de son amie Lydie étaient à mettre au compte de la fatigue nerveuse, et peut-être aussi au compte de l'amour. Elle avait une préférence cachée pour Peter, que ce dernier ignorait gentiment. Alors, bien sûr... Elle accusait Mark de l'avoir laissé mourir.

Question du coroner:

«Selon les déclarations de votre compagne de voyage, vous auriez pu transporter le malade à vous deux. Elle dit vous l'avoir suggéré.

— C'est ridicule, elle n'avait pas assez de force, elle en a convenu elle-même.

— Toujours selon ses déclarations, vous avez emporté l'eau sans vous préoccuper du malade.

— Je pensais ramener du secours le soir même.

— Si vous pensiez cela, pourquoi ne pas l'avoir tenté le premier jour?

— Ils avaient peur de rester seuls, et Peter était déjà mal en point, il souffrait d'entérite.

— Votre compagne affirme, au contraire, que vous avez refusé de partir en avant-garde, de peur de vous perdre. Elle ajoute que vous ne vous êtes décidé que lorsque Peter était mourant. Vous auriez alors préféré l'entraîner avec vous.

— J'ai voulu qu'elle m'accompagne, c'est exact. Elle ne pouvait rien de plus pour Peter.

— Vous auriez pu au moins l'installer à l'ombre, lui fabriquer un parasol, comme vous l'avez fait pour vous, et partager l'eau, vous disposiez d'un demi-litre.

— Le partage ne servait à rien, moi j'avais à marcher, et je n'ai pas mesuré le demi-litre.

— Le médecin affirme qu'avec quelques soins, rudimentaires, et un simple tampon humide sur les lèvres et le cou votre compagnon aurait pu résister plus longtemps.

— Le médecin n'était pas là, c'est facile de faire un diagnostic à retardement.

— Voulez-vous dire, par là, que vous étiez conscient du danger de mort qui menaçait votre camarade ? »

Mark vient de se faire prendre au piège, sans s'en rendre compte. La véritable question est : « Vous avez abandonné Peter mourant, donc vous êtes coupable de non-assistance, le reconnaissez-vous ? »

Lydie, défigurée et amaigrie par l'épreuve, ne résiste pas. Du banc où elle assiste à l'interrogatoire de Mark, elle se dresse pour crier :

« Je lui ai dit qu'il l'assassinait ! Je le lui ai dit, et il a répondu qu'il s'en foutait ! Il était jaloux de Peter. J'ai tout compris. Avant de mourir, Peter m'a dit : « C'est toi qu'il veut, depuis « toujours, il me déteste parce que tu m'aimes, et moi je n'aime personne, c'est pour ça que je vais mourir, parce qu'il le veut.»

Comment savoir? Il y a la parole de Lydie contre celle de Mark. Avec quelques détails ennuyeux, tout de même, pour ce dernier. Le plus fort c'était lui, le voleur d'eau c'était lui, de là à conclure que le lâche c'était lui.

Mais l'histoire n'est pas finie. Un autre personnage entre en scène, inattendu et justicier, c'est lui qui aura le dernier mot. Du moins le croit-il. Il a seize ans, c'est un adolescent mince et au regard clair, il s'appelle Philip et il ressemble terriblement à Peter, son frère aîné. Il connaît l'histoire officielle:

Ils étaient trois amis, qui partirent un jour par la vallée de la Mort. Ils voulaient jouer aux pionniers de l'Ouest, se fabriquer de l'aventure à bon marché, mais ils l'ont payé cher.

On ne nargue pas un désert. Un désert se respecte. On ne le traverse pas sans boussole, avec insuffisamment de vivres et d'eau, avec inconscience et témérité stupide. En 1972, le désert américain le plus redoutable a confronté ces trois jeunes à leur propre réalité. L'un n'a pensé qu'à sauver sa peau, l'autre est mort, et une jeune fille reste marquée par la tragédie qu'elle a vécue.

Ses accusations, son récit ont provoqué une enquête, mais Mark n'a pas été inculpé. Quoi qu'en pensent les observateurs, parents, amis ou journalistes, le jury d'enquête n'a pas tranché, faute de preuves suffisantes, entre deux propositions:

«A-t-il sciemment abandonné un mourant, son camarade, dont il était jaloux, en profitant des circonstances ou par simple lâcheté?

— A-t-il voulu réellement chercher du secours ? »

Mark est renvoyé à ses études, à sa vie insouciante, entre des parents aisés, son club de tennis, sa moto et les filles du campus. Peter aussi est rendu à sa famille. Une famille réduite à une mère et un jeune frère de seize ans, Philip, dont il était l'idole.

A la cérémonie funèbre, un photographe a fixé les deux visages côte à côte. Mêmes traits fins, même nez droit, mêmes regards sensibles et passionnés. En médaillon, le visage de Peter, celui que l'on enterre sous les fleurs, leur ressemble pareillement.

Philip est allé rendre visite à Lydie, la jeune rescapée, au lendemain de l'enterrement. Il la connaissait bien avant le drame. Il lui rapporte une photographie, qui trônait dans la chambre de son frère. Un cliché d'amateur, pris au cours d'un bal universitaire, où l'on voit Peter et Lydie enlacés ; tous deux rient aux éclats. Lydie ne ressemble plus à cette photo. Le jeune Philip, avec la cruauté des adolescents de son âge, est venu lui dire ce qu'il a sur le cœur :

« Tu vois, il t'aimait vraiment, il te trouvait jolie, il parlait tout le temps de toi, il t'aurait suivie n'importe où. C'est Mark qui l'a tué, et c'est de ta faute. »

Le raisonnement est dangereusement simpliste. La colère du garçon aussi. De même, il ne cache pas à Lydie ses intentions :

« Tu sais, j'ai décidé de venger mon frère. Même si on l'avait mis en prison, je l'aurais fait. Mark est un salaud de lâche. Mon père est mort à la guerre, mon frère est mort dans le désert, je suis le seul homme qui reste auprès de ma mère.

Si les gens meurent, c'est toujours la faute des lâches. Ces types-là tirent dans le dos ou abandonnent leurs copains comme des chiens. Alors, j'ai décidé de régler ça. »

Lydie, un peu effrayée, tente de calmer le garçon, mais elle ne prend pas vraiment ce qu'il dit pour une menace. Au cours de cette visite, ils parlent surtout de leur chagrin. Lydie avoue que depuis la mort de Peter elle a compris qu'elle l'aimait aussi. Peut-être n'aime-t-elle que le souvenir. Sa passion se nourrit probablement de la tragédie vécue. Quoi qu'il en soit, sans le savoir, elle encourage le jeune Philip dans sa décision. Lorsqu'il la quitte, il dépose un baiser fraternel sur son front, accompagné d'une réflexion emphatique :

« Mon frère t'aimait, promets-moi de ne jamais l'oublier. »

Lydie promet. Ce sont des enfants.

Ce 14 juin 1972, Philip quitte la maison de Lydie, à Las Vegas, aux environs de 18 heures.

A dix-neuf heures quinze, il se rend sans difficulté aux policiers, ameutés par la famille de Mark. Il vient de tuer froidement l'ex-ami de son frère avec l'arme de son père, un revolver de l'armée, que sa mère conservait dans un tiroir. Philip ne dira pas où il s'est procuré les munitions. Il ne dira plus rien, qu'une seule chose :

« J'ai vengé mon frère, j'ai tué ce salaud de lâche. »

Passé au crible des examens de psychiatres, Philip révèle un tempérament violent et caché, une sensibilité excessive. En somme, rien que de très courant, exprimé en des termes qui pourraient s'appliquer à la plupart d'entre nous.

Mais il a tué un garçon de vingt ans. Il a construit sa propre justice et l'a exécuté. A cause de cela, il disparaîtra pour de longues années dans les prisons spécialisées, où les barreaux sont faits autant de métal que de psychanalyse.

Et la dernière photo de cette histoire est à nouveau celle d'un drame. Une famille américaine pleurant sous les fleurs son fils unique, Mark, assassiné d'une balle dans la tête, alors qu'il enfourchait sa moto. Des témoins qui ont vu la scène ont précisé que Mark, en voyant son assassin, revolver braqué, s'est mis à crier :

« Philip, fais pas l'imbécile ! Je vais t'expliquer ! »

L'ASSASSIN
AU REGARD TRISTE

MENTALEMENT, l'homme calcule : « Voyons... une puis deux tasses... Une puis deux soucoupes... La théière... deux cuillères... »

A chaque fois qu'il pose un objet sur le plateau, le gros homme asthmatique pousse un soupir, comme si l'air lui manquait. Il est propriétaire d'un petit hôtel plutôt minable d'un quartier de Londres tout aussi minable. Il regarde encore une fois sa montre. Onze heures moins dix... Tant pis. Il va monter le thé à la chambre 12.

Les occupants de la chambre 12 sont arrivés assez tard dans la soirée. Elle, une jeune rouquine très jolie. Lui, un garçon d'une trentaine d'années, de stature et de corpulence moyennes, qui passerait tout à fait inaperçu s'il n'y avait son regard... Un regard triste... Triste à coller le cafard au gros homme asthmatique.

Sans hésitation, l'homme au regard triste a accepté la chambre numéro 12, la plus laide, située sous les combles, au bout du corridor, et il a dit : « Nous ne voulons être dérangés sous aucun prétexte. »

Mais onze heures vont sonner, et il sera trop

tard pour le thé si on ne les réveille pas maintenant. Horaire oblige.

Les portes de l'ascenseur claquent. Le plancher du couloir du dernier étage grince sous les pas du gros propriétaire qui tend l'oreille, son plateau à la main. Arrivé devant le numéro 12, il reprend son souffle et frappe discrètement à la porte. Mais le simple fait de frapper dessus avec l'index replié fait que la porte s'entrouvre. « Ils ne sont pas partis, tout de même... » marmonne le gros homme asthmatique, et il pousse davantage la porte, s'avance de deux pas dans l'obscurité de la chambre, prêt à s'excuser.

Mais il reste muet de stupeur. La chambre est sens dessus dessous. La lampe de chevet est tombée sur le sol. Le fauteuil de velours usé est renversé. La carpette tassée dans un coin. De-ci, de-là, des vêtements traînent. Nul besoin d'être de Scotland Yard pour comprendre que la chambre 12 a été le théâtre d'une lutte farouche. La jolie rouquine est là, inerte, à demi nue, en travers du lit.

« Mon Dieu ! pense le gros homme. C'est un crime ! »

Et il court aussi vite que le lui permet son asthme, jusqu'au téléphone.

Dans l'obscurité de la chambre 12 se glisse à présent un couple étrange : le surintendant Brickner, de Scotland Yard, et le gros propriétaire asthmatique de l'hôtel. C'est Laurel et Hardy. Le surintendant, un parapluie pendu à son bras et un chapeau melon à la main, est aussi mince que le propriétaire est gros, aussi futé que l'autre est balourd. Autour d'eux, les spécialistes entrent et s'agitent.

Le propriétaire s'apprête à tourner la manivelle

du store pour éclairer la chambre, mais le surintendant retient son bras :

« Attendez... Est-ce que le store était baissé, hier soir ?

— Oui... C'est moi qui l'ai fermé.

— Bon. Alors, il n'y a pas d'empreintes. Vous pouvez l'ouvrir. »

La chambre 12 s'éclaire du soleil de mai, tandis que le store monte en grinçant, et tous les regards se tournent vers le cadavre. Le corps et le visage de la jeune femme portent des traces de morsures. Un bas de nylon est fortement noué autour de son cou. Sur la table de chevet, un sac en matière plastique rose est resté ouvert après avoir été vidé de son contenu.

Il n'est pas difficile de reconstituer le crime. La jeune femme a été sauvagement assassinée par un sadique d'une exceptionnelle férocité. Il l'a tuée par suffocation en serrant lentement ce bas de nylon autour du cou.

Le regard du surintendant croise celui du médecin légiste. Ils ont reconnu le *modus operandi.* Ce crime est le dernier d'une série accomplie par le même criminel.

Lorsque le surintendant demande au propriétaire de lui décrire l'assassin, le gros homme en est presque incapable. Il n'a rien remarqué, sinon qu'il avait un accent slave, un imperméable clair et un regard triste.

« Et qu'est-ce qu'il vous a dit ? demande le surintendant.

— Rien... Il m'a simplement recommandé qu'on ne le dérange sous aucun prétexte. »

C'est bien l'assassin au bas nylon. Trois autres crimes au cours de ces trois dernières années ont été accomplis avec une technique identique. Trois fois, déjà, un homme, après avoir attiré une jeune fille dans une chambre d'hôtel isolée, a demandé qu'on ne le dérange sous aucun prétexte. Trois fois, il a torturé froidement la malheureuse avant de l'étrangler avec un bas nylon. Celle-ci est donc la quatrième. Et il y en aura un jour une cinquième et puis une sixième, car il est bien connu que les assassins de ce genre éprouvent un besoin presque physique de se libérer du cauchemar d'un crime par l'exécution d'un autre. Un genre d'absolution homéopathique.

Les spécialistes s'affairent à photographier la chambre 12. La porte est sortie de ses gonds pour être emportée au laboratoire, afin qu'on y prélève les moindres empreintes. Le surintendant, son chapeau melon d'une main, son parapluie de l'autre, redescend l'escalier, toujours suivi du gros propriétaire soufflant comme un phoque.

Dans le hall, le surintendant demande :

« Vers quelle heure est-il arrivé ?

— Vers onze heures et demie.

— Comment se fait-il qu'on ne l'ait pas vu sortir ? Généralement, il part une ou deux heures après son crime... Qui était de garde, cette nuit ?

— Le gardien de nuit est arrivé un peu avant minuit et est parti vers sept heures ce matin, c'est moi qui l'ai remplacé...

— Alors, c'est le gardien de nuit qui devait être de garde... Car je suppose que le crime a dû être commis vers minuit. »

Machinalement, le propriétaire passe derrière son comptoir, sort le registre où les clients inscrivent leur nom et leur adresse. Tout aussi machinalement, le surintendant se penche et lit, sans lâcher son parapluie et son chapeau melon : « 27 mai 1950, chambre 12. Nom : Banidson. Domicile : comté de Durham. Profession : boulanger. »

C'est très distraitement que le policier a lu ce nom et cette adresse, car, bien entendu, le criminel utilise à chaque fois des noms et des adresses différents, sans doute ceux qui lui passent par la tête à ce moment-là. Néanmoins, le surintendant demande que l'on fasse une photocopie, afin de pouvoir comparer l'écriture avec celle de malfaiteurs connus et de procéder à une analyse graphologique.

Puis il regagne Scotland Yard. Il s'agit maintenant d'identifier la victime. Et pour une fois ce ne sera pas long.

Le soir, avant de quitter son bureau, le surintendant Brickner reçoit une petite brune d'environ vingt-deux ans, outrageusement fardée et vêtue d'une robe qui serait extravagante si l'on ne devinait immédiatement la profession de celle qui la porte : c'est une prostituée.

« Vous avez reconnu votre sœur ? » demande le surintendant.

La pauvre fille voudrait répondre « oui », mais elle ne peut pas. Son visage se crispe. Un flot de larmes jaillit de ses yeux bleus et elle sort un mouchoir de son sac.

En fin d'après-midi, étonnée de ne pas avoir revu sa sœur de toute la journée, elle est allée trouver la police de son quartier, malgré sa répugnance. La police de Soho, devant la description qu'elle en faisait, a pensé qu'il s'agissait peut-être de la victime de l'assassin au bas nylon. Elle a été conduite auprès du cadavre et, de là, dans le bureau du surintendant.

« Quand avez-vous vu votre sœur pour la dernière fois ?

— Hier soir, vers onze heures et demie...

— Où étiez-vous ?

— Ma sœur longeait Piccadilly Circus... Et puis

un homme s'est approché d'elle. Ils ont parlé quelques instants et ils sont partis...

— Elle ne vous a rien dit ?

— Non... Simplement, elle m'a fait un petit signe de la main en partant...

— Et qu'est-ce qu'il voulait dire, ce petit signe de la main ?

— Bah !... rien... C'était son habitude quand elle croyait qu'elle avait trouvé une bonne affaire.

— Vous n'aviez jamais vu cet homme, auparavant ?

— Non.

— Vous pouvez me le décrire ?

— C'est pas facile... Il n'est ni grand ni petit... Il doit avoir une trentaine d'années. Il avait un imperméable clair... C'est tout ce que je peux vous dire.

— Il ne vous a pas parlé ?

— Non, mais je l'ai entendu de loin. Je crois qu'il avait un accent étranger... Et puis, quand il est passé devant moi, j'ai trouvé qu'il avait l'air triste... Mais alors, triste ! Je me suis dit que ma sœur n'allait pas s'amuser !... »

Il suffit de quelques minutes encore pour que le surintendant connaisse tout sur la vie de la victime. Elle était d'origine irlandaise. Venue à Londres il y a trois ans pour s'engager comme femme de chambre, la prostitution lui parut être d'un bien meilleur rapport. Lorsque sa jeune sœur est venue la rejoindre, elle n'a pas pu l'empêcher de choisir le même métier qu'elle.

La vie des deux femmes-enfants s'écoulait sans grands incidents. Quand tout se passait bien, elles gagnaient de quatre à six livres par nuit. Surtout l'aînée, la victime, jolie, bien faite, elle souriait souvent afin de faire admirer une rangée de dents éclatantes et les hommes la préféraient.

Lorsqu'elles tombaient dans les mains de la police, elles devaient passer la nuit au poste avant de se présenter le lendemain matin devant la Magistrate's Court. Là, le magistrat, toujours très paternel, leur demandait selon l'usage: « Vous reconnaissez-vous coupables ? » Lorsqu'elles avaient répondu oui, elles étaient condamnées à payer une amende allant de cinq à vingt livres. Généralement, avant de les congédier, le magistrat, décidément bon enfant, les exhortait à chercher un travail honnête et leur consentait un sursis pour le paiement de l'amende.

Comme on le voit, une petite vie bien tranquille, sans émotions ni secousses, où le seul danger était de rencontrer un jour l'homme qui vous conduit dans un hôtel, où il demande à n'être dérangé sous aucun prétexte pour pouvoir vous étrangler avec un bas nylon.

Dans les jours qui suivent, une gigantesque chasse à l'homme est organisée à travers toute l'Angleterre. La signature et l'écriture sont analysées, comparées avec toutes celles figurant dans les fichiers de Scotland Yard. Malheureusement, sans aucun résultat. Alors elles sont envoyées dans tous les services de police, ainsi que les empreintes qui ont été relevées dans la chambre 12. Une nuée d'inspecteurs en civil sondent le quartier de Soho, quelque chose comme le Pigalle de Londres. Les prostituées qui ont connu la victime se sont organisées, avec la bénédiction de la police, pour essayer de retrouver l'assassin au regard triste. Des travestis observent les hommes qui fréquentent les prostituées et recherchent la montre en or qui était au poignet de la victime et que l'assassin a sans doute dérobée. Comme l'homme parle avec un accent slave, des dizaines et des dizaines d'étrangers sont interrogés. Notamment des Polonais et des Tchèques.

Après plusieurs jours et constatant l'insuccès de ces initiatives, le surintendant pense que l'homme, affolé par le battage fait autour de l'enquête, a peur-être quitté l'Angleterre.

Mais le surintendant Brickner, qui se rendait à pied à son bureau, a soudain l'idée de consulter l'annuaire du téléphone, et il entre tout bêtement dans un bureau de poste.

Certes, il ne va pas y chercher le nom de l'assassin. Mais celui-ci ayant écrit sur le registre de l'hôtel: «M. et Mme Banidson. Profession: boulanger. Domicile: comté de Durham», il veut vérifier si par hasard il n'existerait pas un Banidson, boulanger à Durham. Son parapluie suspendu par la poignée au comptoir, son melon posé à côté d'un encrier, il feuillette: Banid... Banidoff... Banidson! Il y en a une douzaine. Les professions: docteur... opticien... restaurant et boulanger. Il y a donc un Banidson boulanger à Durham.

C'est curieux. Ainsi le criminel n'a peut-être pas inventé le nom et la profession qu'il a consignés sur le registre, et c'est intéressant. Pris de court lorsqu'il a fallu remplir le registre, il a peut-être choisi de s'inscrire sous la première identité connue qui lui passait par la tête. Il se pourrait donc qu'il ait connu un Banidson, boulanger à Durham.

Quelques secondes plus tard, le surintendant s'engouffre dans une cabine pour composer le numéro du boulanger de Durham.

«Allô? monsieur Banidson?

— Oui.

— Ici le surintendant Brickner, de Scotland Yard. Pourrais-je vous rencontrer?»

Son correspondant observe un silence. Sans doute est-il surpris que Scotland Yard demande à le rencontrer...

« Rassurez-vous... ajoute avec un sourire le surintendant. Ce n'est pas pour une affaire qui vous concerne. Je cherche à réunir des renseignements au sujet d'un crime dont vous avez dû lire le compte rendu dans la presse. Il se pourrait que vous ayez, sans le savoir, rencontré le criminel... »

Il y a un long silence à l'autre bout de la ligne.

« Allô, vous êtes toujours là, monsieur Banidson ?

— Oui.

— Bon. Alors, est-ce que je peux venir vous voir ? Demain matin, par exemple ?

— Oui.

— Vers dix heures ?

— Oui. »

Le lendemain à dix heures, le surintendant accroche son chapeau melon et son parapluie dans l'entrée d'une petite maison de brique, où un vieux monsieur au visage tout rond et au crâne lisse comme une boule de billard le reçoit. C'est le père de Gerald Banidson, vingt-neuf ans, et boulanger de son état.

« Il est parti il y a une heure, explique le vieux monsieur d'une voix paisible. Il ne m'a pas dit qu'il avait rendez-vous, mais, puisque c'était le cas, je pense qu'il va revenir. Il est toujours très ponctuel. »

Dans le salon, sur les meubles Chippendale, des cretonnes guillerettes. Aux murs, les portraits du vieux monsieur, aux différentes étapes de sa vie. A ses côtés, une femme au regard doux, un peu triste. A leurs pieds puis devant eux, puis derrière eux un enfant qui grandit de photo en photo : Gerald Banidson.

A dix heures dix, le jeune boulanger n'est pas là. Le surintendant explique au vieil homme la raison de sa venue.

«Il est possible que mon fils ait connu ce criminel, répond le vieux monsieur. Dans sa clientèle, par exemple. Mais ça m'étonnerait qu'il l'ait fréquenté. Vous savez, mon fils est un jeune homme tranquille, un peu trop réservé même. Il est très habile dans son métier et s'est spécialisé dans la fabrication des tourtes destinées aux banquets de noces, aux baptêmes, aux premières communions. Il fournit toute la région. Ça marche très bien. Mais ça lui donne trop de travail.»

A dix heures et demie, le boulanger n'est toujours pas là.

«Tiens... c'est bizarre... remarque le vieil homme. Réellement bizarre. Peut-être qu'il a été retenu au club de tennis, parce qu'il en est secrétaire. Et en ce moment, avec les championnats, ça lui donne pas mal de soucis...»

A onze heures moins le quart, le surintendant Brickner est envahi d'un étrange soupçon.

«Votre fils a-t-il beaucoup d'amis? demande-t-il au vieux monsieur.

— Non, pas tellement. Mais je vous l'ai dit, il a tellement de travail...

— Et... est-ce qu'il a des relations féminines?

— Sans doute... mais nous n'en parlons jamais... Je vous l'ai dit, il est très réservé.»

A onze heures, le surintendant, d'habitude si calme, marche de long en large dans le salon Chippendale, sous les yeux du vieillard étonné...

«Est-ce qu'il a un accent slave? demande-t-il enfin.

— Slave?... Pas du tout. Mais il a un léger accent allemand. Il a passé toute son enfance en

Allemagne, nous y avons vécu jusqu'à la veille de la guerre.»

Cette fois, le surintendant se pose franchement la question : et si Gerald Banidson était l'assassin au regard triste et au bas nylon? Cela paraît complètement absurde, car comment imaginer que, venant dans un hôtel pour tuer une femme, il ait écrit sur le registre son nom véritable, sa profession et son adresse?

De son côté, le père du boulanger, lui, s'inquiète pour une tout autre raison...

«Et si le criminel savait que vous alliez interroger mon fils? Et s'il...»

Le vieil homme pâlit et se tait, en regardant, angoissé, le surintendant Brickner qui saute sur son parapluie et son chapeau melon.

A la demande du surintendant, des patrouilles parcourent toutes les routes, tous les chemins et le moindre sentier du comté de Durham. Mais, vers trois heures de l'après-midi, le cadavre de Gerald Banidson est découvert, allongé au pied d'une haie. Il est mort d'une balle de revolver dans la tempe droite. Mais il tient le revolver dans sa main. Est-ce un suicide authentique ou un crime camouflé?

La police locale tente de reconstituer ses derniers instants. Il aurait quitté la maison de son père vers neuf heures et demie pour se rendre dans une maison qu'il savait inhabitée. Il y aurait colmaté portes et fenêtres avec du papier journal humide avant d'allumer un feu d'enfer dans un vieux poêle. Le gaz carbonique ne parvenant pas à le tuer, il semble qu'il ait ouvert la fenêtre en brisant les carreaux et défoncé la porte d'un coup d'épaule. Il s'allonge alors au pied d'une haie, pose un revolver sur sa tempe droite et appuie sur la détente. Tout cela est bizarre.

Dans sa voiture, on trouve une lettre, adressée à son père. Il y implore son pardon, mais sans préciser la nature de sa faute.

Alors le surintendant montre le lendemain sa photo à la sœur de la victime et au gros homme asthmatique.

« Reconnaissez-vous l'assassin au regard triste ?

— Oui. »

On n'expliquera jamais pourquoi Banidson avait eu la folie de signer son crime. Peut-être, au moment où il est entré dans l'hôtel, n'avait-il pas l'intention de le commettre. Mais dans ce cas, sachant qu'il avait indiqué son véritable nom et sa véritable adresse, comment a-t-il pu commettre l'imprudence de tuer ? Une fois dans la chambre 12, en tête-à-tête avec la ravissante Irlandaise, l'envie lui est-elle venue, irrésistible, gommant toute prudence ?

Dans ce cas, il aurait dû prendre la fuite après le crime. Comment a-t-il pu revenir chez lui et reprendre son travail paisiblement, sachant que sur le registre de l'hôtel on pouvait lire : « 27 mai 1950. Chambre 12 : M. et Mme Banidson. Profession : boulanger. Domicile : comté de Durham... »

Rien n'étant logique, il reste une supposition. L'assassin cherchait ses juges, le crime réclamait son châtiment, et il leur a fait signe à sa manière.

TABLE

IMPRIMÉ EN FRANCE PAR BRODARD ET TAUPIN
Usine de La Flèche (Sarthe).
LIBRAIRIE GÉNÉRALE FRANÇAISE - 6, rue Pierre-Sarrazin - 75006 Paris.

ISBN : 2 - 253 - 04399 - 0

30/6411/0

Sommaire

BIENVENUE À GENÈVE

VISITER GENÈVE

NOS ADRESSES

GENÈVE PRATIQUE

POUR EN SAVOIR PLUS

Les cartes du guide

À l'intérieur de la couverture, en fin de guide :

- le plan détachable de la ville, avec le plan des transports en commun.